Inhalt

W0063103

Für Sigrid,
Christian und Clarissa
und meine Mutter

Jürgen H. Hahn

Jetzt zieh den Zipfel durch die Masche

Das Buch der Gebrauchsanweisungen

Mit einem Vorwort von
Helen Leuninger

Illustrationen von Horst Gotta und
Björn Pertoft

Deutscher Taschenbuch Verlag

Ungekürzte Ausgabe
August 1997
Deutscher Taschenbuch Verlag GmbH & Co. KG, München
© 1994 Ammann Verlag & Co., Zürich
ISBN 3-250-10238-5
Umschlagkonzept: Balk & Brumshagen
Umschlagbild: Michael Keller
Gesamtherstellung: C. H. Beck'sche Buchdruckerei, Nördlingen
Gedruckt auf säurefreiem, chlorfrei gebleichtem Papier
Printed in Germany · ISBN 3-423-20042-1

Einleitung

Eigentlich braucht man dieses Buch nicht zu schreiben, denn jeder von uns hat irgendwo eine Gebrauchsanweisung, die den Inhalt dieses Buches problemlos ersetzen könnte. Wenn ich jedoch an die vielen armen Menschen denke, die Tag für Tag in der Wohnung, am Arbeitsplatz, in der Freizeit, im Verkehr vergeblich versuchen, den Inhalt von Gebrauchsanweisungen zu entschlüsseln, möchte ich ihnen allen mit diesem Buch eine Hilfe geben. Seien Sie getröstet, Sie leiden nicht an mangelnder Intelligenz, an technischer Unfähigkeit, an Ungeduld, auch sind Sie kein technischer Triebtäter und gehören auch nicht in die Kategorie menschlicher Versager.
Die Verursacher Ihres Mißtandes sitzen hinter den Schreibtischen von Forschungs-, Entwicklungs- und Konstruktionsabteilungen. Alle sind sie zwar hervorragende Ingenieure, Techniker und Wissenschaftler und beherrschen die Technik ihrer Produkte. Aber die Gabe kommunikativ zu denken, zu verstehen und zu vermitteln, wie ein Laie einen Videorecorder, einen Fahrkartenautomaten, ein Software-Programm oder eben ein technisches Gerät ohne Schwierigkeiten benutzen kann, darüber verfügen sie meistens nicht. Es wird höchste Zeit, daß diese Spezies verstärkt auf den Rat von leidgeplagten Anwendern hört. Es sind oder wa-

ren auch einmal Kunden, und wenn diese beim Benutzen der Gegenstände versagen, sind es oftmals die Geräte, die schlecht konstruiert und beschrieben wurden. Eine sorgfältig durchgeführte Untersuchung einer süddeutschen Versicherung bestätigt diese Darstellung. Von 12 000 untersuchten Schadensfällen eines Jahres konnten 46 Prozent auf reine Bedienungsfehler zurückgeführt werden. Als Ursache dafür wurden mangelhafte Gebrauchsanweisungen lokalisiert.

Eine Auswahl aus meiner Sammlung von Gebrauchsanweisungen präsentiert das vorliegende Buch, das hoffentlich für jeden etwas enthält. Etwas zum Schmunzeln soll Ihnen diese Sammlung bieten. Es sind keine bewußt konstruierten, sondern gesammelte alltägliche Gebrauchsanweisungen. Bedanken möchte ich mich an dieser Stelle bei Jutta Hartmann für die Überlassung von Beispielen des Design Zentrum Nordrhein Westfalen, bei Egon Ammann, meinem Verleger, der mich auf die Idee dieses Buches brachte, und bei Helen Leuninger für ihr Vorwort, ebenso bei Horst Gotta und Björn Pertoft für die treffenden Illustrationen. Besonders auch bei Erich Stäblein, Ulrich Schmitt, Michael Höf und Cornelia Reuter für die wertvolle Mithilfe.

Viel Spaß beim Lesen.

Obertshausen, September 1994

Jürgen H. Hahn

Helen Leuninger

Gebrauchsanweisungen oder
Wie gut, daß es Nachbarn gibt

Neulich traf ich Herrn Dr. Heiner F., Psychotherapeut aus B. Er berichtete mir, daß ihn in letzter Zeit vermehrt Patienten mit extremen Minderwertigkeitskomplexen aufsuchen. Oft sei es sehr schwierig, der Sache auf den Grund zu kommen. Seine üblichen Vermutungen, daß diese Komplexe ihren Grund in frühkindlichen traumatischen Erfahrungen haben, stellten sich meist als falsch heraus. Die Erleuchtung sei ihm gekommen, als ihm vor kurzem die Schwester seiner Patientin Henriette K. die Ursache in Form eines kleinen Faltzettels auf seinen Schreibtisch gelegt habe: eine Gebrauchsanweisung für ein Mixgerät. Nach Lektüre derselben sei es ihm wie Schuppen von den Augen gefallen: Nicht seine Patientin, sondern der Verfasser besagter Gebrauchsanweisung sei behandlungsbedürftig. Was, so fragte er mich, ist eigentlich alles so mißlungen an diesen Gebrauchsanweisungen?

Sprache und ihre Funktionen

Die menschliche Sprache hat vielerlei Zwecke zu erfüllen; vornehmlich dient sie natürlich dazu, anderen etwas mitzuteilen, sie von etwas zu überzeugen oder sie zu einer bestimmten Handlung zu bewegen. Diese kommunikative Funktion ist allerdings auch erfüllt im „belanglosen" Sprechen auf Parties, im Supermarkt und anderen Situationen, in denen nur soziale Beziehungen erzeugt oder aufrechterhalten werden sollen. Anders als im zuerst genannten Fall sind hier Inhalte nicht wirklich wichtig, das Sprechen ist von Floskeln durchsetzt, und manchmal reicht es einfach, irgendetwas zu sagen; also der bekannte Fall von „small talk".

Sprache hat aber auch andere Funktionen. Wenn wir in Tagebuchaufzeichnungen unsere Gedanken schriftlich ordnen, tun wir dies, ohne an einen Kommunikationspartner denken zu müssen. Sprache dient also auch dem „freien Ausdruck des Gedankens", ein nicht zu unterschätzender Umgang mit unserer Sprachfähigkeit. In vergleichbarer Weise selbstbezogen gehen Kinder in frühen Phasen ihres Spracherwerbs mit ihren sprachlichen Fähigkeiten um. Dies mag Sie, verehrte Leser, vielleicht erstaunen. In der Tat ist in empirischen Studien beobachtet worden, daß Kinder vor dem Einschlafen mit sprachlichen Mustern spielen (etwa Verbkonjugationen ausprobieren). Einschlafmonologe hat man dies genannt. Auch hier wird Sprache nicht zur Kommunikation eingesetzt; aber es werden auch keine Gedanken ausgedrückt, sondern nur mit sprachlichen Formen jongliert, soweit diese dem Kind bekannt sind. Ach hätten doch die Verfasser von manchen Gebrauchsanweisungen dies auch gelegentlich mal getan!

Im allgemeinen kann man sagen, daß ein Text wie eine Gebrauchsanweisung ein Stück Kommunikation ist. Es gibt einen, wenn auch anonymen, Verfasser, eine Botschaft, die mittels eines gemeinsamen Codes an einen Empfänger übermittelt werden soll.

Verschiedene Texte erfüllen verschiedene spezielle Funktionen. Ein Erpresserbrief andere als ein Werbetext. Zumindest kann ersterer noch gefährlichere Konsequenzen haben als letzterer! Sprachwissenschaftler nehmen daher an, daß es unterschiedliche Textsorten gibt, die sich im Stil, im Aufbau und in ihrer Funktion von einander abgrenzen lassen. Wenn auch die Grenzen gelegentlich fließend sein mögen, so gibt es doch einige klare Eigenschaften, die nur einer Textsorte zukommen.

Wie wird die Botschaft verschlüsselt?

Die Übermittlung einer Botschaft kann nur gelingen, wenn Sender und Empfänger über einen gemeinsamen Code verfügen, mit dem die Botschaft verschlüsselt wird, in unserem Fall die deutsche Sprache. Die Angelegenheit klingt einfacher, als sie in Wirklichkeit ist:

11

Jemand fragt auf der Straße einen Passanten „Können Sie mir sagen, wie spät es ist?" Die bloße Antwort „Ja" ist meistens situationsunangemessen, obwohl sprachlich korrekt. Aufgrund sozialer Konventionen wissen wir nämlich, daß hier zwar der Form nach eine Entscheidungsfrage gestellt wurde (wie „Kannst Du morgen kommen?" - ein einfaches „Ja" genügt hier), daß aber diese Frage eigentlich eine Bitte um die Angabe der Uhrzeit ist. Es gibt viele solcher Funktionen, die den Code quasi „überlagern", ohne ihn allerdings gänzlich außer Kraft zu setzen.

Aber nicht nur den sozialen Konventionen, sondern auch der Darbietungsart muß die Sprache angepaßt werden. Mündliche Rede folgt anderen Gesetzmäßigkeiten als schriftliche. Doch entgegen vielen Vorurteilen wird in der mündlichen Rede der Code nicht ignoriert, sondern relativiert. Menschen verfügen einfach über so viele andere Fähigkeiten, die gleichzeitig mit dem Sprechen eingesetzt werden und die einen Teil der kommunkativen Bürde tragen: Modulation der Stimme, Mimik, Motorik, Pausen, Hinweisgesten und vieles andere mehr. Dieses Geflecht von Faktoren ermöglicht es überhaupt, die in der Tat hochkomplizierte Aufgabe alltäglicher Verständigung zu gewährleisten. Alle sportlichen Geschwindigkeitsrekorde sind lächerlich unbedeutend im Vergleich zu der Schnelligkeit, mit der wir mündliche Sprache verstehen. Man bedenke, daß ein hinreichend komplexer Satz in 1000 Millisekunden verstanden wird! Eine Pause, ein Innehalten, bspw., lassen uns aufatmen und sind nicht etwa schlechtes Deutsch.

Besondere Eigenschaften charakterisieren schriftliche Texte. Im großen und ganzen kann man sagen, daß solche Texte, die ja keinen bestimmten Adressaten haben (von Briefen einmal abgesehen), so weit wie möglich explizit sein müssen. Der Empfänger ist im wesentlichen auf seine Sprachkenntnis, den Code, angewiesen. Eines ist daher sicher: Der Code darf nicht fehlerhaft sein, zumindest aber keine entscheidenden Mängel aufweisen, und zwar sowohl in Bezug auf seine Form (Rechtschreibung, Grammatik, mit Einschränkung Interpunktion - hier herrscht ja praktisch allenthalben Unsicherheit) als auch in Bezug auf die Wortwahl. Ansonsten können schriftliche Texte nur schlecht verstanden werden, wenn überhaupt.

„Ich vielleicht fahre Mannheim, spreche eine Straße, nicht verstehen, in Leimen ich sage eine Straße, bei mir verstehen." Sie werden es vielleicht schon wissen, sicherheitshalber hier die Übersetzung: Wenn ich in Mannheim nach einer Straße frage, versteht man mich nicht; frage ich in Leimen nach einer Straße, versteht man mich (vgl. Keller, J./ Leuninger, H., Grammatische Strukturen und kognitive Prozesse. Tübingen 1993).

Der Sprecher beherrschte zum Zeitpunkt seiner Äußerung die Grammatik und den Wortschatz des Deutschen nur rudimentär. Seine Fehler hängen zum großen Teil mit seiner Muttersprache, Spanisch, zusammen. Solche Vorformen einer Sprache nennen Sprachwissenschaftler Pidgin-Sprachen. Pidgin-Sprachen sind sprachliche Mischformen, die in Sprachkontaktsituationen entstehen (Immigrantensprachen oder Mixturen von Eingeborenen- und Kolonialsprachen, wie sie etwa vor einigen Generationen auf den Inseln im Indischen Ozean oder in der Karibik verwendet wurden). Pidgin-Sprachen haben nahezu keine Konjugation oder Deklination, und auch sonst fehlt den Sätzen die Grammatik. In Tok Pisin, einer Sprache in Neu-Guinea, wurde anfangs die Zukunft durch „baimbai" ausgedrückt (Englisch „by and by"), das immer am Satzanfang stand. Ihre spezielle Funktion für die Eingeborenen, nämlich sich handelseinig zu werden, erfüllten diese einfachen Sprachen völlig, zumal Pidgin-Sprachen nur in mündlicher Kommunikation verwendet wurden. Gelegentlich aber wurden Pidgins tradiert. Wurden Sie von den Eltern an ihre Kinder weitergegeben, entfalteten sich diese Sprachen plötzlich und wurden „grammatisiert". Aus „baimbai" wurde „be", das zum Bestandteil des Verbs wurde, wie eben eine normale Verbkonjugation! Der Wortschatz wird umfangreich und macht sich von der Kolonialsprache unabhängig. Es kommt nicht mehr zu störenden Einflüssen der einen Sprache. Auf diese Weise sind viele sog. Kreolsprachen entstanden.

Ihre Grammatisierung ist Bedingung für ihre mögliche Verschriftung. Pidgins würden nie geschrieben. Gebrauchsanweisungen scheinen sich dieser Vorschrift zu entziehen. Wenn Telefonnummern beschäftigt sind, dann handelt es sich um eine Kolonialisierung des Deutschen durch das Englische (dort können sie ja „busy") sein, und die Aufforderung „entrollen Puffunterlage" ist Pidgin-Deutsch. Dieses gibt es sonst aber schriftlich nicht. Sprachwissenschaftlich gesehen sind Pidgin-Gebrauchsanweisungen „Un-Texte".

Die häufig arg entstellten schriftlichen Auslassungen sind auch keine Verschreiber wie etwa „Herr Müller ist bei den Sieben Zwergen (Siemens-Werken) angestellt" oder „Gebrauxhsanweisung", ein Verschreiber, der mir beim Tippen dieses Vorworts nahzu ständig passiert ist und der mit der Konfiguration der Buchstabentasten zu erklären ist. Denn Verschreiber wie Versprecher entstehen nicht aus mangelnder Kenntnis der Sprache, sondern sind eine vorübergehende und sehr selektive Beeinträchtigung in der menschlichen Sprachplanung.

Was tue ich wann?

Eine Aneinanderreihung von Sätzen ist nur dann ein Text, wenn die Sätze sinnvoll aufeinander folgen. Dazu gehört bspw. der angemessene chronologische Aufbau. Auch in Bezug auf diesen „globalen" Aspekt unterscheiden sich mündliche von schriftlichen Texten (literarische Texte einmal ausgenommen):

„Kall, was haste gesacht: wartemal, erst muß mer de Knibbel in den Schlauch stecke, dann ... ach ne,

15

mer hätte vorher des Wasser abstelle solle. Mach des doch grad emal."

Wer kennt diese Situation nicht? Uns scheint jedenfalls dieser sprachliche Plan zum Montieren einer Gartendusche völlig in Ordnung zu sein, auch wenn die Beteiligten dabei einmal ihre durchnäßte Kleidung wechseln müssen. In solchen informellen Situationen ist häufig das gemeinsame Lernen durch „Versuch und Irrtum" gang und gäbe. Schriftliche Gebrauchsanweisungen andererseits müssen den Handlungsplan sprachlich sinnvoll, d.h. auch in der richtigen Reihenfolge der einzelnen Schritte, aufbauen. Bei durchschnittlicher Intelligenz des Empfängers der Botschaft muß ohne Katastrophen größeren Ausmaßes der vorgeschlagene Handlungsplan durchführbar sein. Daher verdiente der folgende Text nicht das Prädikat „Gebrauchsanweisung":

„Erst müssen Sie das Verbindungsstück in den Schlauch stecken; vorher aber hätten Sie das Wasser abstellen sollen, damit Sie den Montiervorgang undurchnäßt überstehen." Ein kurzer Blick in die folgende Sammlung zeigt, daß dieses Beispiel gar nicht so konstruiert ist, ja, daß es in Wirklichkeit eine Menge solcher unduchführbarer Handlungsanweisungen gibt.

Allgemein kann man vielleicht drei Typen von Gebrauchsanweisungen unterscheiden, nach Maßgabe der Komplexität der zu bedienenden Geräte:

1. Gebrauchsanweisungen, die sich nur auf die Peripherie von Gegenständen beziehen. Es ist bei der Montage eines Regals unerheblich, ob man etwas von Holz, der Spannung dieses Materials,von Schrauben, Winkeln und der Mechanik usw. versteht.

2. Mischformen, bei denen ein gewisses Verständnis der inneren Funktionsweise des Gegenstandes seinen Gebrauch bestimmt, sagen wir einmal FAX-Geräte.

3. Gebrauchsanweisungen, die sich auf die Funktionsweise des Systems beziehen oder zumindest beziehen müßten. Mindestens zwei Generationen von Käufern von Computern sind in den ersten Wochen nach ihrem Kauf Nervenzusammenbrüchen nahegewesen, weil die mitgelieferten sog. Handbücher weder sinnvoll aufgebaut noch akzeptabel formuliert waren.

Man erfuhr nahezu nichts über die prinzipielle Funktionsweise eines Computers, bspw. über den baumartigen Aufbau der Informationen auf der Festplatte; auch waren viele Handbücher nicht so konzipiert, daß man in Krisensituationen schnelle Hilfe erhielt, wenn etwa der Drucker nur eine Seite, nicht aber das bereits auf siebzig Seiten angewachsene Manuskript ausdruckte. Schließlich mangelte es diesen Handbüchern meist an einer Struktur, etwa, daß man vom einfachen zum komplexen Kenntnisstand gebracht wurde, ohne

daß man in den ersten Sitzungen nur Geschäfts-
briefe schreiben mußte. Das war's doch gar nicht,
was man wollte.

Wieviel Sprache?

Unsere mühelose Alltagskommunikation ist auch
deswegen so faszinierend, weil wir auf elegante
Weise zwischen sprachlichem Aufwand und
Zielgerichtetheit balancieren können. Es gibt da
ganz feinsinnige Beschränkungen, die wir unbe-
wußt beherrschen und im Normalfall auch befol-
gen. Achten Sie doch einmal darauf, wieviel Sprache Sie verwenden, wenn Sie eine Einladung annehmen, wieviel mehr sprachlichen Aufwand Sie
betreiben, wenn Sie eine Einladung ablehnen:
„Kommst Du am Samstag zu meiner Geburts-
tagsparty?" – „Tut mir leid, ich muß noch ein
Manuskript fertigstellen, der Verlag sitzt mir im
Nacken. Ich würde wirklich gerne." / Nicht so gut,
ja eigentlich unakzeptabel wäre die Antwort: „Nein,
danke."
Eine solches Gleichgewicht zwischen dem Er-
klärungsgegenstand und dem sprachlichen Er-
klärungsaufwand gilt ebenso für Gebrauchsanweisungen. Denn sie unterliegen der Maxime:
Teile das Einschlägige angemessen, d.h. so ausführlich wie nötig und so ökonomisch wie möglich mit,
damit die Handlungen in akzeptabler Zeit erfogreich
durchgeführt werden können.
Die Informationen dürfen also weder zu karg noch

zu barock sein. Daher ist es nahezu blödsinnig, ein Produkt in einer Gebrauchsanweisung nochmal anzupreisen, wo es doch schon gekauft ist. Dies gehört in die Werbung, nicht in die Gebrauchs- anweisung, zwei ganz unterschiedliche Textsorten. Aber auch der entgegengesetzte Fall, zu spärliche Information, ist verständnisbehindernd. Großartig sind hier Anleitungen, die aus einer kleinen Menge von Bildern mit undurchschaubarer Numerierung bestehen, ohne daß dem Benutzer auch nur die geringsten weitergehenden Hinweise gegeben würden.

Bei bebilderten Gebrauchsanweisungen entste- hen oft zusätzliche Probleme, die mit der Ge- nauigkeit der Abbildungen und ihrer Unter- scheidbarkeit zusammenhängen. Da kann es schon zu dramatischen Situationen kommen, etwa beim Aufbau eines „leicht zu montieren- den Regals", wo häufig die detaillierte Kenntnis von zwanzig Sorten von Schrauben vorausge- setzt wird. Denn die Abbildungen zeigen dem ungeübten Auge maximal drei Sorten, und das leicht zu montierende Regal kann wieder nur vom Kall von nebenan aufgebaut werden, der doch gerade erst letzte Woche die Stereoanlage zusammengebaut hat. In allen psychologischen Experimenten zur visuellen Wahrnehmung wer- den die Bilder ausführlich vorgetestet. Es reicht nicht, daß der (Test-) Hersteller Abbildungen von- einander unterscheiden kann, sondern eine reprä- sentative Anzahl von Betrachtern muß dies ebenfalls können. Auch in dieser Hinsicht fehlt es den Gebrauchsanweisungen an der nötigen Sorgfalt.

Fassen wir also zusammen, Herr Dr. F. Wann verdient ein Text das Prädikat „Gebrauchsanweisung"? Der Handlungsplan muß logisch aufgebaut, der sprachliche Aufwand angemessen und der Code muß fehlerfrei sein. Erst wenn diesen Bedingungen Genüge getan ist, ist der kommunikative Auftrag gelungen. Eigentlich gar nicht so viel, was da geleistet werden muß.

Frankfurt/Main,
September 1994

Das Buch der Gebrauchsanweisungen

*»Der Ingenieur Kenneth Olsen, Gründer und ehe-
maliger Vorstandsvorsitzender der Digital Equip-
ment Corp., gestand, daß er nicht fähig sei, nach
der Gebrauchsanweisung im Mikrowellenherd
der Firma eine Tasse Kaffee warmzumachen.«*

Wall Street Journal (1986)

»Lieber Kunde,

wir freuen uns, daß Sie sich für unser qualitativ hochwertiges Gerät entschieden haben. Sämtliche Erkenntnisse moderner Technologie haben wir eingearbeitet. Damit Sie jedoch unser Gerät richtig gebrauchen können, sollten Sie die beigefügten Benutzerinformationen sorgfältig lesen.

Viel Erfolg.«

Aus einer *PC-Tastaturbeschreibung*

»Die STAFF-K9AT tastatur innerseite ist definiert, so dass system software gibt es maximum biegsamkeit im verbergten stimmten tastatur-wirkung. Das ist ausgebildet nicht amerikanen standard code für information interchange coden, sondern die tastatur zurück. Übrigens, allen tasten sind schreibmatik und entwickeln beider ein bau und ein pause skan code. Die tastatur I/O fahrer Können die tasten als schicht tasten oder schreibmatik erklären, als fordert druch die bewerbung.«

Aus einer *Videoprogrammierung*

»Die mikrotasta ausführt viele funktionen. Einschlisslich, ein an-kraft selbst-prüfen während es
its von der system-einheit verbraucht. Diese prüfung des mikrocomputer prüft die erinnerung, und
für die stück tasten. Übrige funktionen sind. tastatur scan, polier von über 32 tasten scan coden, und
es erhaltet unmittele reihe communicationen mit
system einheit, und ausführt die hand-schütteln
protokol von jeder scan-code transfer braucht«.

Aus der Beschreibung eines *Diktiergerätes*

»Die Telefonaufnahme erfolgt, wenn das Gerät durch den Lautsprecherregler 9 eingeschaltet wurde, der Schnellsucher 15 nach links in die Anfangstellung -0- der Diktatfolie bewegt wird und der Schalter -6- auf Telefon umgeschaltet wird. Selbstverständlich muß zuvor eine Diktatfolie eingelegt werden und das Kontrollinstrument -7- eine ausreichende Betriebsspannung anzeigen. Der Aufnahmevorgang kann mitgehört werden, wenn das Microfon in der Steckerleiste -3- 5- eingesteckt ist. Jetzt sind die Schaltfunktionen des Microfons außer Betrieb.«

Gefunden auf einer *Bügeleisenverpackung*

Warning

KUNSTSTOFFES SACKE KONNEN DIE GE-
FAHREN BRINGEN. UM DIE GEFAHR DER
ERSTICKUNG ZU VERMEIDEN, WEGBLEI-
BEN DIE SACKE VON BABIES UND KIN-
DER.

Aus einer Bedienungsanleitung für ein *Telefon*

»Heben Sie des Telefon auf, hören sie sufs Amtsei-
chen. Wählen Sie die Nummern, und das Telefon
word die Nummern anstehen, so schenell wie sie
Tippen und wählen können.«

»Eine Nummer manuel zu wählen..
1. Heben Sie des Telefon auf und wählen Sie, wie
Sie mit einem ordentlichen Telefon machen.
2. Wenn Sie Ihren Anruf fertig gemacht, legen Sie
das Telefon nach unten und an eine fläche Flache,
um das Telefon einzuhängen.
3. Wenn die von Ihnen gewählte Nummer beschäftigt ist, hängen Sie ein. Wenn es nicht benutzt ist,
ihr Telefon soll an eine fläche Flache gelegt werden.«

①

②

③

Aus der Beschreibung für ein *Kinderradio*

»Ihr TB 3166 arbeitet auf 220 V/50HZ AC-Kreis durch das AC-Kraft-Kabel anschließen. Verbinden den 2-Gabel-Stecker am Kabelende in eine Wandloch zur Lieferung von 220 V/50Hz-Spannung. Die Kraft nach dem Stecken wird durch On/Off & Vomume Controle an der Vorderseite regeln. Drehend diese Steuerung mit den Zeigern Bis ein schwaches Klicken bei Stellen des Knopfes wird gehört. Umdrehend links herum Zeiger zeigt das Stellen mit Klick.«

»Wenn das Wetter kalt ist, wird die Puff Unterlage sich langsam puffen. Entrollen die Puff Unterlage und liegen auf ihr, dann wird sie von der Wärme sich Inflationen bekommen.«

Anleitung für einen *Koffer aus China*

»Die Handkoffer Schlüssel Nummer errichten wir „0-0-0". Sie können diese Nummer bleiben. Oder errichten einige geheime Nummer. Die Weise wie folgen. Erst: Wenden die Nummer zum öffnenden Platz. Zweite: Knopf nach hintern drücken und die zu festlegende rote Karte herausholen, dann stellen die Knopf nach Richtung der Nummerwendung fest. (Sieht B. Teil) Dritt: Wenden die Wendung zur rechtige Nummer, die sie mögen, z B. Telefon, Geburtstag oder Adresse u.s.w. und schreiben Die Nummer auf die Notiz, um nicht zu vergessen. Vierte: Drücken die Knopf zum ersten Platz, dann stehen die klar Karte zurück, hat die Nummer dann errichtet. Wenn sie die Nummer verändern wollen, errichten Sie wie die oben Weisen. Bemerkung. (1) Wenn sie es vermeiden wollen, daß jemande die Nummer verstohlen blicken, nachdem sie den Koffer öffnen, verwirren die Wendungen, dann drücken die Knopf und ist es im Schloß.«

NOT ANWEISUNG *für einen Kompressor*

Machen Sie Kompressor nicht/ blasen den zünder.
»1. Schieben Sie den Zünder in Behälter und drehen sie ihn hin und her.
2. Untersuchen Sie den Behälter und Zünder, müssen sauber behalten, besonders Tabak. Benutzen Sie isolierte Dinge, nicht Finger oder Metall.
3. Untersuchen Sie den Zünder, muß am mindesten 12 A.
4. Machen Sie den Schalter zu.«

Kompressor laufen lassen, aber nicht blasen
»1. Binder der Adaptor mit Ventilstil sicher zusammen, bevor Sie die Klinke aufmachen.
2. Untersuchen Sie den Leck von Gegenstand.
3. Untersuchen Sie den Bruch und Leck während sie bläst.

Kompressor langsam laufen
»1. Zu heiß durch zu lange Benutzung. Machen Sie sie zu und kälten sie seit 30 minuten.
2. Spannung zu niedrig, untersuchen Sie den Zustand der Batterie.«

»Merken Sie auf: Für Auto brauchen Sie keine Zigarettenzünder, kaufen Sie ein Adapter, damit kann es ihre Autombatterie benutzen.«

Aus der Montageanleitung einer *Hi-Fi Anlage*

Glastür montieren

».. Während Sie das Glas ein wenig in Richtung -
A- drücken, drücken Sie das Glas kräftig in Rich-
tung -B-, bis sei ein geklirr Lärm hören in der linker
und der rechter Scharnier.
Im fall die Scharnier und die Metal Platten nicht
korrekt passen, bewegen Sie das Glas mit beiden
Händen nach links oder rechts, während sie das
Glas in Richtung -C- drücken.«

Montagevorschrift für eine *Lampe aus Spanien*

»1. Die beiden seitlichen Schrauben, zusammen mit seine betreffenden Dichtungsringen, ausziehen Sie. ACHTUNG: Allen Schraubenschlüsseln versehen.

2. Die beiden Überzügen trenne Sie, und bewirken Sie die Änderung der Glühbirne.

3. In umkehrten Reihenfolge, wiederholen Sie die selbste Wirkung als in 1.«

Für ein Haushaltsgerät: *Sicherheitshinweise und Warnungen*

»Lesen Sie bitte vor Inbetriebnahme des Gerätes die in der Gebrauchs- und Montageanweisung aufgeführten Informationen sorgfältig durch. Sie enthalten wichtige Hinweise für die Installation, den Gebrauch und die Wartung des Gerätes.
Gebrauchs- und Montageanweisung ggf. für Nachbesitzer sorgfältig aufbewahren.
Der Hersteller haftet nicht, wenn die nachstehenden Hinweise nicht beachtet werden:

1. Verpackungsmaterial ordnungsgemäß entsorgen.

2. Beschädigtes Gerät nicht in Betrieb nehmen, im Zweifel beim Lieferanten rückfragen.

3. Das Gerät nur im Haushalt und für den angegebenen Zweck benutzen.

4. Anschluß und Aufstellung nach der Montageanweisung vornehmen.
Elektrische Anschlußbedingungen und Angaben auf dem Typenschild müssen übereinstimmen.

5. Die elektrische Sicherheit des Gerätes ist nur gewährleistet, wenn das Erdungssystem der Hausinstallation vorschriftsmäßig installiert ist.

6. Kein Verlängerungskabel benutzen.

7. Reparaturen und Eingriffe in das Gerät dürfen nur vom Fachmann durchgeführt werden.

8. Im Fehlerfall und bei Wartung das Gerät vom Netz trennen. Netzstecker ziehen oder Sicherung ausschalten. Am Netzstecker ziehen, nicht am Anschlußkabel. Wasserhahn zudrehen.

9. Ausgediente Geräte sofort unbrauchbar machen. Netzstecker ziehen, Anschlußkabel durchtrennen und Türverschluß unbrauchbar machen. Danach das Gerät einer ordnungsgemäßen Entsorgung zuführen.

Unser Beitrag zum Umweltschmutz - wir verwenden Recyclingpapier.«

Aus den *Orgelweisungen* für eine Orgel

MERKMALE
Klavierumfang 49 Tasten (Do-Do) auf 4 Okt.
(65,4 - 209,3 Hz).
Manual-Bass 12 Tasten (Do-Si).
Gemischte Choere 16 + 8 + 4 + 2.
12 REGISTERN:
FLUTE, CLARINET, OBOE, REED, SPINET,
CATHEDRAL, VIBRATO, REPEAT, STACCA-
TO, RIVERBERO, MANUAL-BASS SOFT, MA-
NUAL-BASS SHARP.
Drehgleicher für Manual-Bass,
Drehgleicher für Geschwindigkeit, Vibrato, Stac-
cato, Repeat.
Drehstärkeregler mit Stromunterbrecher.
Drehregler der Riverbero Empfindlichkeit.
Eingliedernde Verstärker von 20 W. Musikleistung.
102 Silizium Transistoren.
2 elliptische Lautsprechers HI-FI.
Buchse für Gitarre oder andere Instrumente (0,42
V.P.P. auf 50 K ohm). INSTRUMENT.
Buchse für Schwellerpedal und wha-wha.

BUCHSE KONTROLLE
Buchse für äußeren Zusatzverstärker AUX. Man
kann auch verwenden um einen Kopfhörer mit
hohem Impedanz zu verbinden.

Strohmversorgung 115-230 V. 50/60 Hz.
Spannungswähler 115-230 V.
Sicherheitshalter mit Sicherung von 0.2 A.

ARBEITSBEDINGUNGEN
Von 0 Grad bis 50 Grad C. Änderung der Spannung. Stabilität von +/- 30% mit Rücksicht auf die nominelle Spannun g. Stabilität der Stromerzeugern größer von 0,05%C.

STROMNETZVERBINDUNG
Bevor den Stecker eingeschaltet wird, sollte man immer sicher sein, daß die Spannung zur Vergung, angemessen mit jenem des Instrument sei: in den entgegengesetzten Fall:
a) die Schraube die die Plattenwähler der Spannung befestigt, entfernen.
b) die Platte wegbringen;
c) den Kontaktschieber der Wähler in die richtige Stellung der gewünschten Spannung bringen.
d) Wieder die Schraube anziehen und die andere Schrauben lockern, damit kann man die neue Platte wieder in die alte Stellung legen. Die Schrauben anziehen.
Unsere Instrumente sind für 220 V.A.C. Voltzahl bestimmt.

NEBENSACHEN
Schwellerpedal, Notenständer, Ersatzsicherung, Weisungen, Schema.

KONTROLLENSCHILDERUNG
SCHALTER

Die Entzündung der Orgel bekommt man, wenn der Knopf der Volume gedreht wird. Das Instrument wird gleich funktionieren.

KLAVIERUMFANG
Ist von 49 Tasten gebildet, die die gleiche Masse eines Klavier haben.

MANUAL-BASS
Die unabhängige Manual-Bass bringt wieder die tiefe Töne eines Bass pedals hervor. Das ist kontrollbar durch einen unabhäng ? Volumenknopf.

VIBRATO
Das Vibrato wird eine angenehme wellenförmige Wirkung an den verschiedenen Musikarten hinzufügen.

REPEAT
Dieses Register der eine Rhythmische Wiederholung mit wechselnder Geschwindigkeit verschafft, ist nützlich um suggestiven Wirkungen wie Mandoline etc. zu schaffen.

CATHEDRAL
Das hier ist ein Register daß als Solist oder mit anderen verwendet sein kann. Dieses Register gibt die typische Wirkung der Kirchenorgel.

STACCATO

Staccato fügt eine Wellenförmige tiefe Wirkung
hinzu. Vereinigt mit Vibrato und Riverbero gibt
eine Wirkung wie Leslie an.

RIVERBERO

Fügt Bewegungslehre und Bemerkung an die Aus-
führung hinzu. Seine Wirkungen sind für jenes
Register unabhängig und man kann durch ein
Potentiometer seine Tiefe regulieren.

REGISTERN

Wenn die einzelnen verwendet werden, die bringen ziemlich treuweise den Klang der entsprechenden Instrumenten wieder hervor: wenn vereinigt die geben angenehme Wirkungen auf eine
weite Skala von Tonarten jedesmal anpassbar mit
dem Stück zu spielen.

VERBINDUNG MIT DEM ZUSÄTZLICHEN VERSTÄRKER, BUCHSE AUX.

Auch wenn die Orgbel mit seiner Verstärker kom-
plett ist, sie kann auch mit einem zusätzlichen
Verstärker verwendet werden: das ist möglich
durch ein Kabel mit Jack auf beiden Extremitäten.
Ein Jack muß in die Buchse AUX in die linke Seite
der Orgel eingeschaltet werden und die andere
wird in die Buchse der Ersatzverstärker inseriert.
Der Ton der Ersatzverstärker kann verbessert werden wenn man die besondere Kontrolle der Verstärker manövriert.

STIMMEN

Die Tonerzeugen der Orgel sind sehr haltbar und die, in der Fabrik sorgfältig auf Ihre Frequenz gestimmt worden sind. Es passiert nur selten, daß ein Stimmen nötig ist, aber falls eine besondere Ausführung eine Veränderunge der Abstimmen der Orgel nötig machen würde, wie zum Beispiel eine Ausführung mit einem Klavier oder anderen Instrument mit Chorsänger 440 angestimmt, dass kann in wenigen Minuten gemacht werden. Um zu den Tonerzeuger zu gehen, braucht man den oberen Deckel der Orgel wegzubringen durch das Abschrauben der seitlichen Schrauben. Somit werden Sie die 12 Tonerzeugern do-Si sehen, auf der Linie der Klavierumfang. Die Frequenz der Note kann höher oder niedriger gemacht werden wenn man mit einem Schraubenzieher die bezügliche Potentiometer dreht. Das ist leicht zu finden weil jene kleine Platte ist von seiner Note gegenzeichnet. Das Stimmen einer Note anstimmt automatisch alle anderen mit selber Name in ganzer Orgel.

BEISTAND

Falls eine Note sich blockiert es ist ja einfach die ruinierte Platte zu finden weil diese Platte ist von seiner Note gegenzeichnet. Ohne der Hilfe von Werkzeugen ist es möglich, die ruinierte Platte mit einer guten, von der Firma beliefert, zu ersetzen. Wenn man Ersatzteile verlangt, man soll das Abkürzungszeichen der Platte das auf der Kupferseite steht, genau spezifizieren. Auch wenn die Garantie, die ruinierte Platte wird nicht kostenlos ersetzt.

Falls die Orgel stummt bleibt folgende Kontrolle ausführen:

1. Stellen Sie fest, daß die Kabel in einer Wechselstromstecker inseriert sei und dass die Stecker nicht fehlerhaft sei. Ein eventuelles Gesumme des Lautsprechers kann reduziert werden, wenn man die Stecker der Kabel in der Stromstecker umkehrt.

2. Feststllen sie , daß die Schalter ON/ OFF in der Position ON sei und daß die Lotsenlampe angezündet sei.

3. Mindestens ein singbares Register muß inseriert werden bevor den Klavierumfang einige Töne produziert.

4. Die Lautstärkeregler muß nach rechts gedreht sein. Der Ausdruckspedal muß gedrückt werden , um das Volume zu erhöhen.

5. Falls die Lotsenlampe nahe der Schalter ON/ OFF entzündet sich nicht, und die Orgel ist gelöscht, folgendes machen:

a) zieht die Sicherung heraus mit dem Drehen von rechts nach links des Knopfes:

b) eine andere gleiche Sicherung montieren.

Aber, falls jetzt noch Schwierigkeiten entstehen sollten, würde es nötig einen Techniker zu fragen. Ihre Händler ist die Fachperson, die Ihnen immer einen guten Rat geben kann somit sollen Sie sich zu ihm wenden.

In jedem Korrespondenz die Matrikelnummer und das Modell der Orgel nicht vergessen.

Aus der Auffüllanweisung eines *Wassertanks*

»1.Wassertank herausnehmen, schnell anheben, herausziehen und dann nach unten kippen.

2.Um beim Transport kein Wasser zu verschütten Gerät mit der einen Hand von oben an der Rückseite anheben und mit der anderen Hand von unten auf der Vorderseite oben abstützen.

3.Den Wassertank jetzt umdrehen und den Tankverschluß an der jetzt oberen Seite öffnen.

4.Wassertank jetzt mit Leitungswasser füllen (kein eiskaltes Wasser).

5.Den Wassertank jetzt umdrehen so das sich der Tankverschluß an der unteren Seite befindet und sorgfältig wieder zuschrauben; dabei auf guten Sitz der Gummidichtung achten.

Achtung:
Prüfen Sie, daß der Tankverschluß fest sitzt, damit kein Wasser auslaufen kann.«

Anleitung für *Bequemer Lichtkontroller*

»Der ES-62 ist ein mit zwei Scheinwerfer gebaute Zubehörteil der Lampe, was innen order draussen eingerichtet werden kann. Der ES-62 kontrolliert die Beleuchtung der zwei Scheinwerfer, sodass die Bequemlichkeit, Sicherheit, Sparsamkeit und Ungefährlichkeit gleichfalls eingebract werden kann. Der Ihre Familie und Freunde an, als sie an Ihre Tur ankommen und von dem Kontroller gespürt werden. Die näherkommende Eindringlinge werden aber von der unerwartete, geschwängerte Licht abgeschrocken.«

VORSIHTIGKEIT VOR DER BEGINNUNG

»Bemerken Sie sich vor der Aufsetzung, dass "der Bewegungs-sensor am empfindlichsten nicht auf die naherkommende oder weggehende, sondern auf die durch die Absuchensgegend schiebende Bewegung ist, setzen den Sensorkopf diagonal auf die Schutzgegend hindurch.«

Vorsicht Operation:

»Mit dem ON/OFF Wandanschalter zum Kontrollieren dieses Gerät, man kann eine vor der zwei Operationenmethoden einfach wechseln: AUTO MODE oder MANUELL AUFSETZUNGSMODE.«

AUTO MODE:

»1. Der Sensor wird den Licht automatisch aufmachen, als er die Bewegung wahrnimmmt.
2. Wenn der ON/OFF Wandschalter auf ON angeschaltet wird und der Zeitkontrollsknopf zum TEST umgestellt ist, die Lampe wird angemacht für 60 Sekunen, um sich aufzuwärmen und wird sich danach automatisch ausschalten. Der Lichzkontroller kommt zu dieser Zeit zum AUTO MODE. Auf die regulierte Zeitdauer wird dann alle durch das durschgeschaute nähergekommene Bewegung den Licht aufmachen. Und die eingebaute Fotozelle macht den Licht am Tag zu, als der Lichtkontrollsknopf auf Moon umgestellt wird.«

Gebrauchsanweisung für eine *Armbanduhr*

»1. Wenn Sie zuerst diese Armbanduhr annehmen, bitte aussetzen Sie sie unter direkt Sonnenlicht für ungefähr 15 Minuten oder unter ander Lichtquelle (z.B. Wolframlampe) für ungefähr 30 Minuten. Es ist empfohlen daß Sie das Verfähren alltäglich ausführen, um die Armbanduhr unter guten Bedingungen bewahren können.
2. Wenn die Schaustellung sich verdunkeln wird, oder der Alarm nicht mehr tönt, bitte tunnen Sie sofort wie was obenerwähnt ist.«

Benutzerinfo eines *Keramikbrennofens*

AUSNUTZUNG VON KERAMIKTIEGELN

»Wir fragen Ihren Aufmerksamkeit für einige wichtige Hinweise mit beziehung auf der Benutzung unseren Keramik Tiegeln. Das nicht Beobachten diesen Hinweisen könnte das Leben Ihren Tiegel kürzen.«

»1. Merken Sie sich dass vielen Legierungen während das Schmelzen sich bedecken mit einem osydation schicht. Dieser Schicht ist Dunkel und verfälscht das Ablesen der Temperatur und verursacht eine überheizung der Legierung bis den Tiegel durchbrecht. Dieser Probleem ist einfach zu lösen durch mit dem Keramikrahrstäbe den osydation Schicht zu brechen.«

»2. Die Legierungsrauchen können das optyschiches System des Abseiers beschmutzigen. In diesem Fall wirden die legierung und den Tiegel auf schädlicherweise überheizt. Säubern Sie deshalb immer den Ableser.«

»3. Das Hineinführen von Stücken Metal, denen durch den Form sich zwischen den Wänder des Tiegel einklemmen könnne, könnte das Brechen des Tiegel verursachen.«

Hinweise auf einer *Teepackung*

»Cardo, der erster und ausserste wichtiger Institut des Türkisches Tee Industrie, bis zum maximum Grenzlinie des Nordliche Hemisphäre in Ost-Schwarzesmeer Gebiet, produzieren mit eigentlich aroma farbe und Geschmack Türkische Tee. mit der Beginn von Tee Gartens, beim 48. Fabrik, durch verschiedenen stufe arbeit vorbereitet, Tee zur vorlage Ihnen mit 36.000 ausgewählte Cardo angestellte, weler durchgekampfen zu erhöhen 130.000 pro jahr Kabasitaet.«

Aus der Anleitung eines *Abmagerungspulvers*

* Die Chance für ihre Gesundheit *
* Die Chance für Finanzsicherung *

»Wollen sie fühlen gut? Wollen sie in psychische Behaglichkeit sein? Wollen sie die physische kondition verbessern? Wollen sie die übersdüssige Kilos verloren?

Es hilft sich da zu kein Wunder aber Ernährungs Program amerikanische Firma Herbylove Inc.

Ernährungs Programm Herbylove ambietet:

- Sicherstellung genügendliches Anziehen Energie und allen Stoffen, die für das Körper notwendig sind (in gang und gäbe kost Ermangelunge)
- Verhinderung überschüssiger Empfang Energie mit der Kost, die zu Zunahme der Stoffichkeit Fährt
- Möglichkeit die Stoffichkeit verloren - eigentlich ihre optimalisation
- Die Säen Empfindung auch bei der Begrenzung der Kost
- leichte Brauchbarkeit wo immereinschließlich unterwegs
- sehr gute Geschmack und verschiedene Nachgeschmäcke

- Brauchbarkeit auch für Schwangerschafte Frauen und Kinder von 4 Jahre, für Allergiken, Diabetiken und Kariaken (nach dem konsultation mit dem Artzt)
- Komplexe Vitaminenzufuhr und Minerallen Stoffe ohne Nötigkeit weitere Polyvitaminpreparate einnehmen

Möglichkeit zum Verbesserung Zustand bei dieser Problemen.«

Montageanleitung für einen *Gummistöpsel*

»1. Legen den stöpsel der Badewanne in den Drän.
 2. Wenn der Stöpsel zu den Drän nicht geeignet
ist:
a) Legen der Stöpsel in das Warmwasser für 3
minuten.
b) Als der Stöpsel weich geworden ist, scheneiden
Sie den Stöpsel mit der Schere entlang der Ringe
bis das Gröse den Drän geeignet ist.«

Gast Karte des *"Hotel Pasacaballo" in C.*

»Vornehmen gast

Dieser karte habe information von interesse für ihnen. Wie gast das identifizieren und bitte zeigen dieser karte. Wenn sie sich ihnen forden. Dieser karte ist nur personal. Der touristikbetrieb C. wünsche Ihnen eine schone aufenthalt und schnell zurückkommen.

Viele Dank«

Anleitung für eine *LCD DIGITALUHR*

Datenanzeige

»Sei Druck von S1 erscheint die Datenanzeige so lange, wie der Knopt leslgehallen wird. Elwa 2 Sekunden nachdem S1 losgelassen wird, erscheint wieder die normale Zeitangabe.«

Begüßungsschreiben des *Hotel Usta, in K.*

HOTEL USTA

»Mit jahr hunderten Zwilisationen einwohner ge-
bit von Ost und west kultur, kunst und dieteratur
von Europa und Asiatischen Brüke von des einzig
artique Istanbul ihnen guten Tag.

Unser "HOTEL USTA" ist genav in unserem schönen stadt Centrum und ist von Flughaven 18 km.
entfernt. Vom Hotel aus zum Bahnhof ist es 4 km.
Zum Hafen können sie in 2 km. ercihen. Wir
möhten ihnen mit stolz unser "HOTEL USTA"
bekant mahen. Mit unserem Profesyonel Hotel
verstandnisen und Freundlichen Hotel Personal
können sie sich wie in ihrem zweiten Haus ein
fühlen. Sie können das weld weit bekante Türkische Gastfreundschaften in dem ganzen monaten
im Jahr von ganzen Hotel Personal fühler. In und
ausen dekorasionen mit der glönsenden dekorasionen gebautes Hotel Usta bittet ihnen gösten
ohne komplikationen sich ein Quatieren. Zur ihrem Forteil ist es das neve und das alte Istanbul in
einem zu erleben.

Zum Hotel its das Stadt Ceutrum gauz nah. All die
Zimmer sind konfortabel das fliepende warme
wassa ist in jeder zeit zum fließen bereit, voll

Otomatische telefon einschuß für in und auslands gespröche, mit muzik seuder. Farb Fernsehen mit Ausland sendern, klima anlage, zwei glasiges Bad und WC, 24 Stunden Zimmer Servis ist zur ihrem dinste. Das dobl ist groß drink die müdigkeit vom tag über sich werfe im Frühstücks room ist ofenes Büfe mit Servic vorhanden. Wenn Ihre kleider gereinigt werden müßen können sie ihre wöseke in unserem Hotel reinigungs dinst behilflich werden lassen. Wenn sie Ihre werdgegenstande wie schmük, werdvolle Papiere geld bei sich nicht tragen möchten können sie sich an die Resepsion wenden Unsere Göste können unser Privates Oto-park benutren Unsere Hotel Türen sind für alle Göste offen. Gür ihre Hotel Reservation möhten wir ihnen immer behilflich sein. Wir werden er-freut mit ihnen zu Arbeiten wir möchten unsere göste immer mit besten eigenschaften ein Quatie-ren Lasen

Von Istanbul USTA OTEL mit besten wünschen«

Ein auf der Insel Corfu erhältlicher Kurzführer:
Kerkyra

»Die Insel KERKYRA ist einer der Schönsten
Inseln Griechenlands, sie ist Nordlich des Ioni-
schen meeres. Der Hommer Bezeichnet sie als
eine der gastfeundlichsten Inseln der Feaken. Sie
hat nämlich einen Reichen wuchs von Flanzen und
gras übeval der Insel. Es Herscht nämlich eine
exotisehe Schönheit. Die viele Wunderbare Antra-
seionen sie Verführen Tausender Besuehern und
Turisten. Zussamen mit Rodos sind die Beiden
Inseln die Grönten an Touristen Anzal. Die Heuti-
ge stadt mit dem Schönen Statuer. Erinern uns an
die Vergangenheit und die Alten Arhitehtonischen
Kunst, haben eine Anderre Sehenswürdichgeit.
Die stadt hat nämlich B. z. w. Kantonia es sind
engen gassen und wege Zwirchen hohe gehäuser.
Die Alte Burg in der Akropolis sie zeigt das willen
der Besuchern und verfurt sie in der Alten Zeiten
und Erinert uns an das lehen der stadt. Der Besu-
cher kan sich Bewuolern olen. Grafisch gehauter
Hafen, die Großen plazen mit ihren Toren, das
Rathahaus, das Haupt Theater, und die Ionische
Akademie. Es gilt nämlich viele Kirchen mit wunderbaren Byzandischen Bildern. In Kerkira ist in
lauf das Archeologische Museum und das Museum des Byzandischen kunst. außen von der stadt
die Besuchenr können sich freuen und Bewun-
dern.

DAS ACHILION: Das Kaiser Palat ist gehaut reit 1890 von der Königin Elisabet von Ostereich. Das Kaizer Palat liegt 10 kilometer von der stadt Kerkyra. Es ist ein werk mit wunderbaven Arhitehtonischen und Kulturelen malerhreien. Heute ist es nalich ein in Erster Klasse Kasino Umgewandelt.

DAS KANONI: Sie liegt an eine wunderselöner Anblich in Ahstand von 4 kilommeter, Strand,Hotel, und Exotischen lokale wo sie den Besuchern. Dienen, Neben an von Kanoni sehen wir Zwei weise Inseln das PONTO-KONISSI mit byzandisehen Kirchen und die Insel WLACHERNAN mit dem Klostern und Steinige Sranen senden en von das land.

DIE PALIOKASTRITSA: Ist westlich der Insel und in entfernung von 25 kilometer Kenthar von der Alten Byzant Klostern in Exotischen Schönheiten und wunderschöner Kusten, Bezaubern Tausende Touristen und Bedienen es von Hotels, Retaurand gastsaden und turistische geschäfte für Kieufe, Souvenirs, und wunderschönen Byzantische Bildern des Klosters.

DAS AGELOKASTRO: Weotlich der Inzel in der Nähe von Paliokastritsa die hat nämlich kaine Byzant Architecturen.

DER PANTOGRATORA: Der Einziger Berg von Kerkyra wo es in den Gipfel ein Kloster gibt hat einen Schönen Sicht his zu Italier.

DIE GARITSA. Bezirk von Kerkyra mit vielle Altertümiche.

DIE KASSIOPI: Fischer Dorf in Norden der Insel in Entfernung von 26 kilommeter mit Schönen Bucht vor Schwimmer.

DAS PERAMA: In Entfernung von 7 kilommeter von der Stadt Kerkyra nach der Kanoni mit vielen restaurands. Gastaden und Hotels und einen Schönen Bucht am Meer.

DER PELEKA: KLeines Dorf westlich der Insel in Alstand von 13 kilommeter von Kerkyra. Hat einen wunderbaren. Blick an meerwenige kilommeter von Peleka da findet man die Schöne Bucht von GLIFADA einer der Schönsten der Insel mit Hotels, restaurand, Gastaden. Es gibt viele Sehen und haben wo es den Besueher Aufmergsamm macht wen Sie uns Besuchen in der Schönen und Gastfreunldichen Kerkyra.«

Montageanleitung einer *Halogenfackelslampe*

»Merkmale: Alle Drähte der Lampe sind schon fertig miteinander Angeschlossen. Beim Auspacken muss man sehr vorsichtig sein dass die drahle der Lampe nicht auseinander ziehen. Damit wird das schlechtigen Drähteanschliessen vermeiden.

1. Beim Auspacken und Teilwechseln bitte auf die weichen Obverfläche liegen lassen.

2. Zuerst setzen sie die Glühbirne auf die Lampenfassung des Reflektors #1. Dann machen sie das Sicherheitsglass der Lampe zu.
(Klemmen die Klammern von beiden seilen des Glases)
Beachtung:
Weder die Glühbirne noch das spezialiche Glas nicht mit dem Hand berühren darf. Sonst werden das Glas oder Lampenleben kaput und verkürzt. (bei der reinigung muss man darauf warten bis die Glühbirne ganz kalt ist. Dann wird mit dem weichenen, drockenen Lappen mit dem Alkohol geputzt.) Danach die Glühbirne rechtig aufsetzen zu bestimmen.

3. Schrauben Sie die Stange #3 in den Reflektor #2 ein und fest machen.

4. Schrauben Sie dei Stange #4 in die Stange #3 ein und fest machen.

5. Bitte wiederholen sie die Phase 4. (Schrauben Sie die Stange #5 in Die Stange #4 ein und fest machen.)

6. Schrauben Sie der Lampensocken #6 in die Stange #5 ein und fest machen.
Vorsichtig
- Stellen Sie bitte die Lampe nicht in der nahe von dem Brennmaterial auf.
- Diese 300 Wall Halogenlampe hat sehr hohe Temperature.
Wenn die Lampe leucht, bitte in allen Fälle die Lampe oder den Reflektor nicht berühren darf.
- Beim Birnewechsel:
Zuerst schalten Sie die Lampe aus. (Ziehen Sie den Netzstecker aus der Steckdose.)
Wenn Sie ganz kalt ist, Dann wechseln sie die Glühbirne.
- Bitte keine Erschütterung die Leuchtige Lampe Anzugeben, Sonst wird die Lampe zerschmettern.
- Wenn die Glühbirne ein Lampe auf voll ein fur zwei Stunden. (Wenn Sie kein lärm hat.).«

Bedienungsanleitung *zum Wäsche einfüllen*

»Vor dem Einfüllen der Wäsche darauf achten, daß sich keine Fremdkörper oder eventuell einge- sperrte Tiere in der Trommel befinden.«

Anleitung für einen *STICKY BALL*

»STICKY BALL wird von neues Memory-Gallert herstellt. Er ergrift seines Originalform zuruck nach jedem Schlag. Druck oder Pressen!
STICKY BALL kann auch die Tür und die Wand hinuntergehen. Er ist klebrig! Er ist spassig!
Spielen diese und unzählen andere Spiele!
Die Wahrheit der STICKY um -

* STICKY BALL ist waschbar und will Original-gewebe wiedergewinnen wenn gespült mit sanfte Seife und Wasser.
* Nicht an Haar, Teppisch oder Gebäude stecken.
* Muss Feuer oder HItzeoberfläche über 200 Grad F. meiden.
* Nicht für Nutzen an milchhafte gemalte oder tapezierte Wand.
* Nicht innerlich genommen wird.«

Bedienungsanleitung für eine *Uhr*

»Knotrolle der Normalenraige

1. Normalarraige reigl nach Druck auf S1 sbwech-
salnd Siunden und Minuien/Monal und Tao an.

2. Crtian Sle S1 nocheinmal so aircheinan nur die
Sekundan. Um dre Normalerraige wiaderuerlan-
gen wiedor S1 druchan.

3. Dia Schaller hdnnan mu dern Finger gedrllchi
warden.

Einatellungracharter
4. Alle Einstellungen erfolgen duret, oruchan Van
S2. Die Anreigen ertolgen in lolgender Fiethe:
Munai, Tey, Sivndvn, Minuten.

5. Zum Andern einer Fuition druchen Sie S2 bie
die re andornda Funition eracheinl, Druchen Sie
dann S1 bieige orwunichie Zehi arschaini. Wenn
alles richtig elngesielli isluruchen Sie S2 bis Slu-
nuen and Mirunan mii blindendern Coppalpunki
arschetuen. Sollite die Doppelpunki ruchi blinish
denn drucken Sie S1.

6. Drucken Sie S2 und die Normalerraige beginni
wis oben beschiisben.

Wechssin der Brtterie:

An der Umbuzilung sind on beidan Satsn Schuile.
Versuihen Sie aliese vorsrching mit einar. Munie
ru ottnan. Div Uallene wird duith einen Metaustra-
ten testgehsitan. Lasen Sre deppen muit einern
leinan Schrat-narchar. Entlarane, Sie die Banerte
und Erbetren diese uurch aine newe, uenn den
Metahtreslen curuber und das Cuhsues schielien.
Felle dae Zimrbiaii leer lal Onnen Sie des Guhauan
unit balesiigen Ses Gen. Waitslenarer mti surbenn
dunnen Setalaubendrcher oder orner Messaibuitze
urn ernen feeten. Hellarre-kantake die suchura lut
chas uelan reigi die Uler des loubande. Zeli and
Deiven.«

Anleitung für den Einsatz eines *Wasserkessels*

»ACHTUNG.

Im innern der Pfeifen dieser Flöte befinden sich zwei Stimmpfeifen, die die Töne der Noten "E" und "H" von sich gegen.

Wir möchten Sie darauf aufmerksam machen, daß die Stimmpfeife normalerweise dazu dient, Musikinstrumente zu stimmen, und daß sie hier vor allem aus poetisch-expressiven Gründen verwendet wird.

Die Stimmpfeife ist ein äußerst empfindlicher Gegenstand, der in Verbindung mit diesem Wasserkessel notwendigerweise eine begrenzte Lebensdauer hat, die wir in keiner Weise garantieren können: Es ist in der Tat unvermeidlich, daß sich die Zumnger im Innern des Röhrchens mit Kalkstein bedecken und die Stimmpfeifen früher oder später zu spielen aufhören. Die Zeitspanne richtet sich nach dem jeweiligen Härtegrad des Wassers und kann aus geographischen Gründen natürlich nicht präzisiert werden. Der Wasserkessel erfüllt selbstverständlich nach wie vor seine Funktion: und wenn Sie sich wieder and der Original-Methode der Flöte erfreuen wollen, können Sie die beschädigten Stimmpfeifen gegen ein Paar neue austauschen, die sich als Reserve in der Verpackung befinden, wobei Sie die beiliegenden Anweisungen bitte beachten.«

»Weitere Ersatz-Stimmpfeifen können Sie bei Ihren Vertrauemnshandler erwerben.

Anatomie des Ani-Kessels mit Melodischer Flöte
928091

DER VON RICHARD S. entworfene Ani-Kessel
928091 mit melodischer Flöte ist in zwei Größen
erhältlich: Fassungsvermögen 2 ltr. und 3 ltr.

Er besteht aus:

A rumpf aus Edelstahl 18/10
B Bodenplatte aus Kupfer
C Griff aus Edelstahl 18/10, heissgefärbt mit Epoxydharzen und mit Polyamidverkleidung
D Schraubenmuttern zum Befestigen des Griffes
am Rumpf
E Flöte aus Mesingguß
F Drücker
G Stimmpfeifenpaar in "E" und "H"

DIE TEILE C, D, UND G
gelten als Ersatzteile und können daher im Falle
von Verschleiß beim Händler gekauft werden.«

Anleitung für den *Gebrau eines Teelichtes*

»SEHR GEEHRTER KUNDE,

FÜR EIN GUTER UND VOR ALLEM SICHER
GEBRAUCH DES VON IHNEN GEKAUFTE
ARTIKELS, BRAUCHEN SIE WIE FOLGT ZU
HANDELN.

- GEBRAUCHEN SIE IMMER TEELICHTEN
DIE 100% PARAFFIN ENTHALTEN (D.H. NUR
MARKENLICHTEN?)

- SETZEN SIE IMMER DEN ARTIKEL AUF
EINEN WÄRMEBESTÄNDIGEN UNTER-
GRUND.

- PASSEN SIE AUF BEIM UMSTELLEN ODER
ERNEUERUNG DER LICHTEN, DAS DER AR-
TIKEL HEIß IST.

- KINDER VOM ARTIKEL FERNHALTEN!«

Beschreibung für ein *Notrufsignalgerät*

»Glückwunsch! Ihrem Ziel, sich sicher und unbeschwert fühlen zu können, sind Sie gerade einen Schritt näher gekommen.

Zur Auslösung des Alarms einfach mit dem Zugband den Stift herausziehen. Nach dem Auslösen tönt der Alarm bei neuen Batterien ununterbrochen bis zu zwei Stunden oder solange, bis der Stift wieder hineingesteckt wird. Zusätzlich hat das Gerät einen Notschalter, der bei Betätigung auch dann noch den Alarm weiter ertönen läßt, wenn das Notrufsignalgerät fallengelassen wurde. Mit dem Notschalter können Sie auch die funktionstüchtigkeit der Sirene überprüfen.
Das Notrufsignalgerät von NSA bietet sowohl Personenschutz gegen Diebstahl als auch Schutz von Objekten. Dank der Wandhalterund mit robusten Klebefestigungen können Sie das Alarmgerät an Fenstern oder Türen zu Hause, im Büro oder Ihrem Hotelzimmer anbringen.

Batteriewechsel (2xaaa)

1. Die beiden Kreuzschlitzschrauben hinten in der Mitte des Gerätes lösen.

2. Den Deckel abnehmen und die Batterien wechseln. Darauf achten, daß die neuen Batterien richtig eingesetzt sind.

3. Den Deckel wieder aufsetzen und die beiden Schrauben anziehen.

4. Nach einem Batteriewechsel zur Sicherheit immer einen Probealarm auslösen.

Wenn die Batterien falsch eingesetzt werden, kann Ihr Alarm nicht richtig gunktionieren.

Um sicherzustellen, daß Ihr Notrufsignalgerät stets optimal einsatzbereit ist, sollten Sie die Batterien regelmäßig durch kurzzeitiges Auslösen des Alarms prüfen. Wenn die Sirene schwächer klingt, sofort neue Batterien einsetzen.

Achtung

Die Wirksamkeit des Alarms bveruht auf einer extremlauten und leistungsfähigen Sirene. Bei längerer Beschallung besteht die Gefahr, daß ein bleibender Hörschaden davongetragen wird. Deshalb den Alarm nicht unnötig auslösen. Kleinkinder und Haustiere sind hier besonders gefährdet. Die Hersteller und deren Vertreten haften in keinster Weise für etwaige Verluse, Sach- oder Personenschäden, die dem Besitzer dieses Produktes entstanden.

Garantie

Die Garantie für die Notrufsignalgerät von NSA
für den persönlichen Gebrauch erstreckt sich auf
Material- und Arbeitsfehler während des bestim-
mungsgemäßen Gebrauchs und über eine Frist von
einem Jahr vom Datum des Kaufes an gerechnet.
Diese Garantie gilt nur, wenn das Alarmgerät nicht
modifiziert bzw. nur vom Hersteller repariert wurde, die Garantie erlischt ebenfalls, wenn die neuen
Batterien falsch eingesetzt wurden.
Die Garantie erstreckt sich nicht auf die Batterien!
Auch ein Auslaufen der Batterien führt zum Erlö-
schen der Garantie.«

Gebrauchsanweisung für *Änglische Pedule*

»1. Öffne die Tür an der Rückseite Ihre Uhr.

2. Stecke eine Batterie, Typ R-6, herein, derücksichtige der Polarität (+ und -).

3. Die Zeit abstellen durch Drehung von knopf A.«

Aus einer *Gebrauchsanleitung für Verona*

»ACHTUNG AUF DIE DIEBE !

In Verona bewegen sich einige Diebe zu Fuss, mit Fahrrädern, auch, weniger, mit Wagen mit kleinem Hubraum, aber, besonders, mit Moped (Clao), Motorfahrrädern, Leichtfahrräder, fast immer ohne Nummer.

Sie entreissen aus der Hand der Fussgänger, besonders Frauen oder alte Leute, die Handtasche oder etwas anderes und so könnte die Person zu Boden fallen und auch sich verletzen, oder sie brechen ein Glas des Wagens auf und stehlen mögliche Wertsachen (Achtentasche, Wagenrundfunkgerät u.s.w.).

Gewöhnlich fahren die Fahrzeuge langsam, geräuschlos, stillstehen; oder halten und warten bis das Opfer kommt; am Gang könnten Sie, die Diebe mit Moped (C I A O) auch erkennen.

Der Diebstahl ist sehr geschwind, rasch, ein Augenblick; dafür fast immer kann nicht ein Gegenwart, Anwesender, dazwischen kommen, eingreifen, intervenieren; dafür sind Sie allein wie in einer Wüste, allein.«

Bedienungsanleitung für einen *Tischventilator*

»Montageanleitung:

SCHRITT 1:
Blattkappe durch Drehen im Uhrzeigersinn und Sicherungsmutter entgegen dem Uhrzeigersinn lösen.

SCHRITT 2:
Rüchwartiges Schutzgitter aufsetzen- dabei die drei Locher am rückwärtigen Gitter auf die runden Stifte am vorderen Motorgehause aufeinanderpassen. gitter fest audrucken, bis die drei Stifte durch die Locher hindurchkommen.

SCHRITT 3:
Ruckwärtiges Motorgehäuse mit der Mutter sichern.

SCHRITT 4:
 Blatt auf die Motorwelle aufsetzen-dabei die Blattschlitze auf den Wellenstift ausrichten. Ventilatorblatt durch Festdrehen der Blattkappe entgegen dem uhrzeigersinn sichern.

SCHRITT 5:
Ventilatorblatt von Hand andrehen. Blatt und Blattkappe durfen dabei nicht aneinanderreiben. Dreht

sich das Blatt nicht frei, Schritte 1 bis 5 wiederholen.

SCHRITT 6:
Vorderes Schutzgitter durch Einfuhren des vorderen Hakens uber dem rückwartigen Gitter aufsetzen und mit den Klammern am vorderen Gitter sichern.

Mutter zur Sicherung des Schutzgitters (4) lösen und vom Motorgehäuse (7) entferen.
Rückwärtigen Schutzgitter (6) auf Zapfen setzen und mit der Mutter (4) sichern.

Ventilatorblatt (3) auf die Motorwelle (7) aufsetzen.
Sicherungskegel (2) entgegen dem Uhrzeigersinn festschrauben.

Vorderes Schutzgitter (1) durch Einfuhren der mittleren oberen klammer zuerst aufsetzen.

Schutzgitter mit den anderen vier klammern sichern.«

Gebrauchsanleitung für einen *Videorecorder:*
Anschluß an einen Audio-Verstärker

»Wenn für den Rekorder-Fernseher-Anschluß ein
EURO-AV-Kabel verwendet wird und beide Geräte mit einem Eingangssignal-Wahlschalter mit
"EURO-AV"-Einstellung ausgestattet sind, sollte
nur einer der beiden Wahlschalter in die Position
"EURO-AV" gestellt werden. Falls beide Schalter
in die Position "EURO-AV" gestellt werden, könnten bei gewissen Fernseher-Modellen Bild- und
Tonstörungen auftreten. Bei diesem Videorecorder entspricht die Programmnummer "0" der "EU-
RO-AV"-Stellung. Der Kanal "0" kann mit der
entsprechenden Zifferntaste der Fernbedienung
oder mit den Programmwahltasten "Aufwärts" oder
"Abwärts" am Videorecorder eingestellt werden.
Der Eingangssignal-Wahlschalter muß auf "AV
1" eingestellt sein, andernfalls kann an diesem
Videorecorder die EURO AV"-Einstellung nicht
vorgenommen werden. Gewisse Fernseher sind
imstande, bei Beginn der Wiedergabe vom Videorecorder über ein Euro-AV-Kabel automatisch
auf Betriebsart "Euro-AV" umzuschalten. Anderen Fernseher müssen jedoch manuell auf "Euro-
AV"-Betrieb umgeschaltet werden. Um vom Tu-
ner des Fernsehers über das Euro-AV-Kabel auf-
zunehmen, ist der Videorecorder auf Betriebsart
"Euro-AV" umzuschalten.«

Stereo Cassette Deck

XYZ bedankt sich für den Kauf dieses Kassetten-
decks.

Aus dem verwirrenden Angebot an Kassetten-
decks des heutigen Marktes haben Sie sich nun für
das V-44C/V-33 von XYZ entschieden. Sie haben
damit bewiesen, daß Sie einen geschulten Blick
für Qualität und Leistung besitzen. Dieses Gerät
wurde unter strengster Qualitätskontrolle für höchste Ansprüche hergestellt, wodurch Ihnen eine
lange und fehlerfreie Lebensdauer gewährleistet
wird. Es vereinigt in sich eine Anzahl von heraus-
tragenden Besonderheiten, wie z.B. wählbare
Dolby* B- und C-typ rauschunterdrückung (Nur
V-33 Typ B) und Metallband-Einrichtung, die den
wirklichen Enthusiasten begeistern. Damit Sie alle
diese Vorzüge, die Ihnen dieses Gerät bietet, in
ihrem vollen Umfang nutzen können, empfehlen
wir Ihnen, diese Bedienungsanleitung aufmerksam durchzulesen. XYZ wünscht Ihnen mit diesem Kassettendeck erfolgreiche Anwendung und
vergnügliche Stunden.

Aus der Anleitung zur *Makroeinstellung des Zoomobjektivs eines Fotoapparates*

»Pflege des Objektivs

Wenn das Objektiv eine Zeit lang nicht angewendet wird, soll es an einem kühlen, trockenen Ort mit angesetzten vorderen und hinteren Schutzkappen aufbewahrt werden.

BEMERKUNG. Falls Sie in einem feuchten Klima wohnen, bewahren Sie das Objektiv zusammen mit einem Päckchen Silicagel (wie das mitgelieferte) auf. Das wird helfen, die Bildung von durch hohe Luftfeuchtigkeit verursachtem Pilz im Inneren des Objektivs zu vermeiden.«

Gebrauchsanweisung einer *Küchenmaschine*

»Zusammensetzen

Hinweis: Der Sahne- und Eischnee-Topf ist bei
manchen Versionen im Arbeitsbehälter verpackt.
Vor dem Zusammensetzen des Gerätes herausnehmen.
Wichtig: Sahne- und Eischnee-Topf (nicht mit
Messereinsatz, Knethaken oder Scheiben verwendbar).

* Arbeitsbehälter so auf Motorblock setzen, daß
Führungsöffnung auf den Zapfen am Motorblock
paßt. Arbeitsbehälter im Uhrzeigersinn drehen,
bis er einrastet.

* Bei Messereinsatz oder Knethaken: Auf Antriebsachse setzen und ganz herunterdrücken.

* Bei Arbeitsscheiben: Scheibenträger auf Antriebsachse setzen und ganz herunterdrücken. Arbeitsscheibe so auf Scheibenträger legen, daß beide Nasen am Scheibenträger durch die Öffnungen
der Arbeitsscheibe ragen. Die gewünschte Schnitt-
fläche der Arbeitsscheibe muß immer nach oben
gelegt werden.

Schneid- und Raspelscheiben sind beidseitig verwendbar:
Scheibenaußenfläche = Schneiden,
Scheibeninnenfläche = Raspeln.

* Bei Schlageinsatz: Erst den Schlagbesen in den Antriebsarm stecken und einrasten. Schlageinsatz kann im Arbeitsbehälter und im Sahne- und Eischnee-Topf benutzt werden.
Im Arbeitsbehälter: Auf die Antriebsachse setzen und ganz herunterdrücken.
Im Sahne- und Eischneetopf: Sahne- und Eischnee-Topf in den Arbeitsbehälter fest einsetzen. Schlageinsatz auf die Antriebsachse setzen und fest herunterdrücken.

* Deckel auf Arbeitsbehälter setzen und die Nase am Deckel in die Sicherheitsverschlußöffnung am Motorblock schieben. Dann Deckel im Uhrzeigersinn drehen, bis er einrastet. Wenn Nase am Deckel mit Markierung am Gerät übereinstimmt, ist die Sicherheitsverriegelung richtig verschlossen. Wichtig: Dann erst kann der Motor eingeschaltet werden.«

Allgemeine Genehmigung für *Ton- und Fernseh-Rundfunkempfänger*

»Ton- und Fernseh-Rundfunkempfänger im Sinne dieser Genehmigung sind Funkanlagen gemäß $ 1 Abvs. 1 des Gesetzes über Fernmeldeanlagen, die ausschließlich die für Rundfunkempfänger zugelassenen Frequenzabstimmbereiche *) aufweisen und zum Aufnehmen und gleichzeitigen Hör- oder Sichtbarmachen von Ton- oder Fernseh-Rundfunksendungen bestimmt sind. Zum Empfänger gehören auch eingebaute oder mit ihm fest verbundene Antennen sowie bei Unterteilung in mehrere Geräte die funktionsmäßig zugehörenden Geräte.«

»2. Netzkabel

* Beim Abziehen von der Steckdose sollte man immer am Stecker und nicht am Kabel ziehen.
* Das Netzkabel nicht mit nassen Händen berühren.

3. Störungen usw.
* Das Geräte keine vom Benutzer zu wartenden Teile. Im Störungsfalle den Netzstecker abziehen und den Händler heranziehen.

Hinweis:
* Beim 5C-2V muß der Maschiendreht nicht zurückgebogen werden.«

»Die Aufnahme wird im S-VHS-Format gemacht.
* Die S-VHS-Anzeige leuchtet auf.
Die Aufnahme wird im VHS-Format gemacht
* Die S-VHS-Anzeige leuchtet nicht auf.
(Es ist möglich, eine Aufnahme auf eine S-VHS-
Cassette im VHS-Format zu machen, z. B. um die
Cassette auf einem konventionellen VHS-Video-
recorder wiedergeben zu können.)

Verwenden von VHS-Cassetten
Die Aufnahme wird immer im VHS-Format ge-
macht, unabhängig von der Einstellung des S-
VHS-Wahlschaters.

Wiedergabe von S-VHS- und VHS-Cassetten
Bedienung des S-VHS-Wahlschalters ist nicht nötig.

Cassetten, die im S-VHS-Format aufgezeichnet
wurde, werden automatisch im S-VHS-Format
wiedergegeben; Cassetten, die im VHS-Format
aufgezeichnet wurde, werden automatisch im VHS-
Format wiedergegeben. Bei der Wiedergabe einer
S-VHS-Cassette, die im VHS-Format aufgezeichnet wurde, leuchtet die S-VHS-Anzeige nicht auf.«

Montageanweisung für *Einbauherde*

»So bereiten Sie ds Möbel vor:
Maßangaben in den Zeichnungen CD beachten.
Umbauschrank wahlweise mit Leisten C oder Zwi-
schenboden mit Lüftungsausschnitt D.
Wenn unterhalb des Herdes eine Schublade ange-
bracht wird, ist ein Zwischenboden erforderlich.
Die Geräte sind wandbündig. Die geräteanschluß-
dose muß deshalb im Bereich der schraffierten
Fläche a oder außerhalb des Einbauraumes liegen
DE.
Ist das Möbel nicht an der Wand befestigt, mit einem
handelsüblichen Winkel b anschrauben DE.«

Montageanleitung für *Glaskeramik-Kochfelder*

»Instruktionen für die Schweiz
SZ 14   Instr.-Nr. 34

Entgegen der Hausinstallationsvorschriften des
SEV, Ziffer 47330.1, dürfen die hier aufgeführten
Geräte in brennbares Material eingebaut werden.
Teile, die in den Raum unterhalb der Kochplatten
hineinragen, müssen aus nichtbrennbarem Stoff
sein oder einen Mindestabstand von 10cm zu den
Kochplatten-Unterkanten aufweisen.
Brennbare Wände und Decken müssen oberhalb
der Kochflächen gemäß dem für das betreffende
Kantonsgebiet zuständigen feuerpolizeilichen Or-
gan feuerhemmend verkleidet sein.
Beiliegendes Typenschild an einer gut sichtbaren
Stelle aufkleben, z.B. an der Vorderfront oder an
einer Seitenwand des darunterliegenden Möbels.«

»* Wenn der Gliedschuh Hebel öfter geöffnet und geschlossen wird, besteht die möglichkeit dßa die LCD Tafel falsche ziffern und falsche Zahlen aufzeight.
Um dieses zu vermeiden, öffnen sie und schliessen sie den Hebel langsam

(1) beendigung der Blitzladezustands (Blitzbereitschaft)
Wenn die Blitzbereitschaftslampe aufleichtet, ertönt zusätzlich ein Dauer-Piepton pi pi pi bei Automatikbetrieb, bzw. pipi, pipi, pipi bei manuellen Betrieb.

(2) Automatikkontrolle
Wurde bei Automatikblitz die Aufnahme korrekt blitzbelichtet, blinkt in der LCD-Anzeige die Position AUTO, akustisch begleitet von einem etwa 2 Sek. anhaltenden Piepton.

(3) Automatische Energiespareinheit mit Warnzeige
Wird der Blitzladezustand automatisch unterbrochen, blinken LCD-Anzeige und Bereitschaftslampe. Zusätzlich ertönt ein etwa 10 Sek. andauerndes Akustiksignal.«

Original Spätzle-Hobel

»SONNTAGS SPÄTZLEHOBEL - DAS ORIGI-
NAL
LE RABOT DE SONNTAG - L`AUTENTIQUE
SONNTAG`S SPAETZLE GRATER - THE ORI-
GINAL
LO "SPÄTZLEHOBEL" DI SONNTAG -
L´ORIGINALE

HANDHABUNGSWEISE FÜR DEN SPÄTZ-
LEHOBEL
MODE D´EMPLOI DU RABOT POUR "SPÄTZ-
LE"
INSTRUCTIONS ON HOW TO USE THE
SPAETZLE GRATER
INDICATIONE PER IL MANEGGIO DELLO
"SPÄTZLEHOBEL"

LECKERE SPÄTZLEREZEPTE
DE DÉLICIEUSES RECETTES AUX "SPÄTZ-
LE"
DELICIOUS SPAETZLE RECIPES
DELICIOSI RICETTE CON "SPÄTZLE"
SPÄTZLEREZEPTE

GRUNDREZEPT
RECETTE DE BASE
BASIC RECIPE
RICETTA BASE

KÄSSPÄTZLE
SPÄTZLE AU FROMAGE
CHEESE SPAETZLE
"SPÄTZLE" - AL FORMAGGIO -

VOLLKORNSPÄTZLE
SPÄTZLE A LA FARINE COMPLETE
WHOLEMEAL SPAETZLE
"SPÄTZLE" INTEGRALE

SPINATSPÄTZLE
SPÄTZLE AUX EPINARDS
SPINACH SPAETZLE
"SPÄTZLE" DI SPINACI«

Bedienungsanleitung für einen *Party-Grill*

»Vergleichen Sie die
Typennummer auf Ihren Gerät

Geräte Typ: Party-Grill
Art.-Nr.: 2321

Anschluß: Nur für 220 Volt (Volt Wechselstrom).
Prüfen Sie, ob Ihr Stromnetz mit dieser Spannung
übereinstimmt! Verwenden Sie die übliche 3-adri-
ge Gummizuleitung mit Schutzkontaktstecker!

Vorheizzeit: ca. 5 Minuten
Temperaturregelung: ...

Lose beigefügte Einzelteile	1 Pfannengriff
(Änderungen vorbehalten)	1 Fettpfanne
	1 Grillrost«

»Aufnehmen mit einem externen Mikrofon (wahlweise zusätzlich lieferbar)
Das wahlweise zusätzlich lieferbare externe Mikrofon ist in die oben auf dem Gerät angebrachte
Mikrofonbuchse einzuführen. Wenn ein externes
Mikrofon an diese Buchse angeschlossen ist, wird
das eingebaute Mikrofon automatisch abgeschal-
tet. Zum Aufnahmen ist entsprechend den Anleitungen zum Aufnehmen mit dem eingebauten Mikrofon zu verfahren.«

Aus einer Gebrauchsanweisung von 1935:
Krontaube-Bestecke direkt aus der Fabrik

»Sehr verehrte, liebe Kundin! Ihr Ehrgeiz ist es,
Ihren Angehörigen den Alltag und Sonntag schön
zu machen. Deshalb rechnen Sie auch mit jedem
Pfenig (Franc), um aus Ihren Ersparnissen hin und
wieder etwas "über den Etat" hinzukaufen zu können. Denn irgendwo fehlt immer irgend etwas.
Niemand von der Familie ahnt, wieviele Wege Sie
machen, um gut und preiswert einzukaufen. Das
ist Ihr tiefstes Geheimnis, ebenso wie die Mark-
stücke, die Sie auf diesen Wegen einsparen.
Wir machen es Ihnen leichter; denn wir erfüllen
Ihre Wünsche frei Haus. "Direkt aus der Fabrik"
kaufen, muß ja besonders preiswert sein.
Krontaube-Bestecke werden von uns selbst hergestellt. An unseren Maschinen sitzen Meister ihres
Faches; Solinger Besteckmacher, deren Erfahrung
und Können schon Tradition ist. Das gute Material
fördert ihre Arbeit, überwacht von den Künstlern,
die die Formen und Stempel schufen.
Die hohe Qualität der Krontaube-Bestecke ist weit
hinaus ins Land anerkannt. Wie oft muß jedes
einzelne Teil in die Hand genommen und liebevoll
weiterbearbeitet werden, bis es ganz makellos auf
Ihrem Tisch liegt und jahrzehntelang Freude macht!
Krontaube-Bestecke machen doppelt Freude, weil
sie so preiswert sind. Wir ersparen Ihnen den
weiten Weg, um Zeit und Geld zu sparen - wir

legen Ihnen dieses Angebot vor, damit Sie unbe-
einflußt in Ruhe auswählen können. Suchen Sie
sich das Ihnen zusagende Modell aus, überschla-
gen Sie mit der gleichen Ruhe die ganze Anschaf-
fung, und dann bestellen Sie, was Sie verantworten
können.

Wir sind sicher, daß Sie und Ihre Angehörigen
diesen Kauf nie bereuen werden. Sie kaufen ja
nicht irgend etwas, sondern ein Qualitätsbesteck
aus Solingen mit der Marke "Krontaube".«

Aus einer Gebrauchsanweisung von 1932:
Lebensmittel im Eisschlaf

»Für jede Hausfrau gibt es besonders arbeitsreiche Tage, an denen ihr für das Vorbereiten und Kochen der Mahlzeiten nur wenig Zeit zur Verfügung steht. An Fest- und Feiertagen oder am Wochenende möchte sie sich die Arbeit erleichtern, weil vielleicht ein Ausfluß unternommen werden soll. Auch wenn die Hausfrau einmal verreist, braucht sie sich während ihrer Abwesenheit um das Essen für die Familie keine Sorgen zu machen. Für alle diese Gelegenheiten hat sie einen Vorrat verschiedener Fertiggerichte in ihrem Gefriergerät.Diese können schon Tage - ja sogar Wochen - vorher vorbereitet, gekocht und eingefroren werden. Am Tage des Verbrauchs wird das Fertigericht dann nur auf Eßtemperatur erhitzt und ist sofort tischfertig.
So hat die Hausfrau wertvolle Stunden gewonnen. Mit den vorgefertigten Gerichten kann jeder Haushalt günstiger wirtschaften, denn bei der Zubereitung von Speisen erfordert es kaum mehr zeit, wenn eine größere Anzahl von Portionen zum Einfrieren mitgekocht wird. Auf die vorgefertigten Portionen greift man dann bei Bedarf zurück. Die Vorbereitung der Fertiggerichte geschieht auf haushaltsübliche Weise. Nach schnellem Abkühlen werden die Portionen in entsprechende Behälter gefüllt, verschlossen und gefroren.

Es ist vorteilhaft, kleinere Mengen herzurichten, um die Auftauzeit zu verkürzen.

Für alle Fertiggerichte sollen nur beste Zutaten verwendet werden. Das richtige Würzen ist ebenfalls wichtig.

Beo längerer Lagerdauer bekommen manche Gewürze, z. B. rohe Zwiebel und Knoblauch, einen strengen Geschmack. Sie sollten deshalb sparsamer als gewöhnlich verwendet werden.

Es ist ratsam, die Speisen vor dem Anrichten abzuschmecken und nachzuwürzen. Auch eigelb und Wein werden dann hinzugegeben.

Für Speise, die mit Speck oder fetten Fleisch zubereitet sind, ist in jedem Fall eine kürzere Lagerdauer anzusetzen.

Vorgefertigte Gerichte werden etwas kürzer als sonst gekocht, da noch eine Nachgarung durch das Erhitzen vor dem Essen erfolgt.«

»Da steht sie vor Ihnen, Ihre neue Universal-
Küchenmaschine: kraftvoll, standfest, in gefäl-
liger Zweckform - stets bereit, Ihnen bei zahllosen
Küchenarbeiten flink zur Hand zu gehen. Ganz
gleich, ob Sie einen Stadt- oder Landhaushalt
führen, ob Sie mit kräftiger Hausmannskost oder
"feiner Küche" für das leibliche Wohl Ihrer Familie und Gäste sorgen: Ihre Küchenmaschine wird
Ihnen künftig die beschwerlichen Arbeiten abnehmen, wird Ihnen das Wirtschaften erleichtern
und viel zu einem abwechslungsreichen Speise-
zettel beitragen. Ja, Vielseitigkeit ist die große
Stärke der Küchenmaschine; Sie werden immer
wieder neue, erstaunliche Fähigkeiten dieser un-
ermüdlichen Küchenhilfe entdecken! und die Be-
dienungsweise? Nun, sie sind denkbar einfach.
Sie brauchen nur die folgenden Seiten aufmerksam durchzulesen. Dort finden Sie - mit vielen
Abbildungen erläutert - alles Wissenswerte über
Handhabung, Pflege und die zweckmäßigen Zu-
satzgeräte, mit denen Sie die Standardausrüstung
der Küchenmaschine ganz nach Wunsch ergän-
zen können. Am Schluß dann Rezepte, wirklich
verlockende Rezepte... für jeden Geschmack, für
jede Gelegenheit. Und nun frisch ans Werk, zur
ersten Probe mit der Küchenmaschine! Viel Freude dabei wünscht Ihnen Ihr Küchenfreund.«

»Kurzbedienungsanleitung Nebenstelle

Funktion   Erklärung Bedienung

Ich werde angerufen
Anruf   Anruf entgegennehmen

Mein Gesprächspartner meldet sich nicht
* Rückruf besetztRückruf intern aktivieren   6
3   Bestätigung durch ton
              Rückruf intern löschen 6 3
* Aufschalten,   Bei besetztem Teilnehmer
  5   Anklopfen   Kennzahl wählen.
              Nachdem der Teilnehmer
       sein Gespräch beendet hat,
wird die Verbindung zu
Ihnen automatisch durch-
geschaltet, deshalb den   H ö r e r
nicht auflegen
* Personensuchanlage Teilnehmer über PSA   6
8   Kennziffer wählen   suchen«

»Bedienungsanleitung

Abgehendes Interngespräch
Gespräch eröffnen: Hörer abnehmen
oder
Taste Freisprechen drücken

Gewünschte Rufnummer wählen:
z. B. "121"
Anzeige während der Wahl

Anzeige nach der Wahl
- Teilnehmer ist frei:
Freiton ertönt
Gespräch führen
Gespräch beenden
oder siehe: Rückfrage über eine zweite leitung und
Makeln (Seite 26)

- Teilnehmer ist besetzt, aber nicht anklopfverhindert:
Warteton ertönt.
Sie können warten, bis Ihr gewünschter Gesprächspartner seine bestehende Verbindung auslöst. Seine Nebenstelle wird dann automatisch gerufen
(Sie erhalten einen Freiton)
oder

Sie können sich aufschalten (siehe: Aufschalten, Seite 34)

- Teilnehmer ist besetzt und anklopfverhindert: Besetztton ertönt.
Sie können einen automatischen Rückruf einleiten (siehe: Rückrufautomatik/ Nachrichtenmitteilung Seite 35).

Hinweis: In beiden Fällen können Sie bei einem Rückfragegespräch Ihren wartenden Gesprächspartner auf die besetzte Nebenstelle in Wartestellung weitervermitteln (siehe: Umlegen, Seite 28)«

Installation eines *Wasserzulaufs*

»Für den Wasseranschluß ist eine übliche Kalt-
wasserleitung mit mindestens 1 bar (a atü) Wasserdruck erforderlich (bei aufgedrehtem Wasserhahn
müssen in einer Minute mehr als 8 Liter Wasser
ausfließen).
Beträgt der Wasserdruck mehr als 10 bar (10 atü)
ist ein Druckminderventil vorzuschalten.
Gerät nicht an die Mischbatterie eines drucklosen
Heißwasseraufbereiters anschließen!
Der Zulaufschlauch mit dem Kunststoffgehäuse
am Wasseranschluß enthält ein elektrisches Ven-
til. Schlauch nicht durchschneiden! Gehäuse nicht
in Wasser tauchen!
Ist der Wasseranschluß zu weit entfernt, kann der
Wasserzulauf verlängert werden.
Möglichkeiten hierzu:
- Noameler, längerer Aqua-Stop-Schlauch mit Län-
ge 2,20 m.
- Feste Rohrinstallation mit Länge ca. 2,50 m.
Entsprechende Teile können Sie bei Ihrem Fach-
händler oder Kundendienst beziehen.
Die Änderung des Anschlusses darf nur vom Kun-
dendienst oder von einem Fachmann erfolgen!
Vor Montage und Demontage Netzstecker ziehen!
Achtung! Die Anschlußstellen stehen unter vol-
lem Wasserdruck; Dichtheit bei ganz aufgedreh-
tem Wasserhahn prüfen!«

Bedienungsanleitung für ein *Computerisiertes Fernbedienungs-Steuergerät mit Mehrbereichs-klangregler*

»* Unmittelbar nach Einschalten der Spannungsversorgung wird die SEA GRAPHIC EQUALIZER-Pegelanzeige für etwa 5 Sekunden angezeigt.
* Nach Drücken der SEA-Pegeltasten, SEA PRESET-Tasten, Sea Flat-Taste, SEA REVERSE-Taste MANUAL/PROGRAMED-Taste oder MEMORY-Taste wird die SEA GRAPHIC EQUALIZER-Pegelanzeige für etwa 5 Sek. angezeigt, auch wenn das Display auf die SPECTRO PEAK INDICATOR-Betriebsart geschaltet wurde.

3. SEA-VORWAHLMUSTER-ANZEIGE (SEA PRESET)
Nach Drücken der MNUARL/PROGRAMED-Taste leuchtet die Anzeige A. B. C, D oder E entsprechend des Vorwahlmusters, das verwendet wurde, als sich das Gerät das letzte Mal in dieser bestimmten Betriebsart (MANUAL oder PROGRAMMED) befand. Wurde kein Vorwahlmuster verwendet, leuchtet auch keine Vorwahlmuster-Anzeige. Diese Anzeigen leuchten auch nach Drücken einer SEA PRESET-Taste zum Wählen eines Vorwahlmusters oder zum Speichern eines neu eingestellten Musters. Diese Anzeige leuchtet bei beiden Betriebsarten, SEA GRAPHIC EQUALIZER und SPECTRO PEAK INDICATOR. Die Anzeige er-

lischt bei Betätigen der SEA LEVEL UP/ DOWN-, FLAT- oder REVERSE- Taste.

4. Manuell/Programm-Anzeige (MANUAL-PRO-GRAMMED)

Wenn die MANUAL/Programed-Taste gedrückt wird, leuchtet "MANUAL" ODER "PROGRA-MED" auf dem Display, wodurch die gewählte betriebsart angezeigt wird.

5. Speicher Anzeige (MEMORY)

Wenn die MEMORY-Taste gedrückt wird, leuchtet "MEMORY" für etwa fünf Sekunden. Während dieser Zeit kann das eingestellte Muster gespeichert werden.

6. Signalquellensymbol-Anzeige

Das Symbol entsprechend der gewählten Quelle leuchtet.

7. Akustikerweiterung-Anzeige (ACOUSTIC EX-PANDER)

Diese Anzeige leuchtet , wenn die ACOUSTIC EXPANDER-Taste auf ON gedrückt wurde.

8. SEA-Anzeige (SEA)

Diese Anzeige leuchtet, wenn die SEA ON/DEFE-AT-Taste auf ON gedrückt wurde.

9. Dämpfungs-Anzeige (MUTE)

Diese Anzeige leuchtet, wenn die MUTE-Taste auf ON gedrückt wurde.

10. Lautstärkeanzeige (VOLUME)

Diese Anzeige gibt den Ausgangssignalpegel des REMOTE CONTROL OUT-Anschlusses an und kann mit den VOLUME UP/DOWN-Tasten geregelt werden.«

Bedienungsanleitung für Ihre *Uhr*

»Inbtriebnahme Ihrer Uhr:
Typ 1 - Handaufzug - Kal, 2118, 2202
Ziehen Sie die Uhr mit Hilfe der Krone vollständig
auf.

Typ 2 - Kal. 2205, 2206, 2406, 2409, 2415, 2418,
2706, 2906, 5246, 5606
Ziehen Sie die Uhr mit Hilfe der Krone vollständig
auf. Diese Typen von automatischen Uhren können mit der Hand aufgezogen werden, um sie das
erste Mal in Gang zu setzen.

Typ 3 - Kal. 6106, 6109, 6118, 6119, 6308, 6309,
6319, 7005, 7006, 7009, 7019, 7025
Schwingen Sie die Uhr, wie in Skizze II, S.1
gezeigt, in einem horizontalen Bogen ungefähr 30
Sekunden hin und her.
Anmerkung: Wird die Uhr täglich getragen, so
zieht sie sich durch den automatischen Mechanis-
mus durch normale Handbewegungen selbständig
auf. Ein weiteres Aufziehen ist deshalb unnötig.

Uhren mit hohen Schwingungen (Hi-Beat):
Kal. 2202, 2205, 2206, 2406, 2409, 2415, 2418,
2706, 2906, 5246
Uhren mit hohen Schwingungen machen 28.800
Schwingungen in der Stunde, und zeichnen sich

durch ihre hohe Ganggenauigkeit aus. Die Ganggenauigkeit dieses Uhrwerks wir derreicht durch die hohe Zahl der Schwingungen, die die Unruh erzeugt, da es weniger durch Stösse und Armbewegungen beeinflusst wird. Daraus ergibt sich, dass Uhren mit hohen Schwingungen wesentlich präziser arbeiten als gewöhnliche Uhren.

Zur ERhaltung der Wasserdichtheit Ihrer Seiko-Uhr:
* Betätigen Sie die Krone, so lange die Uhr nass ist, oder unter Wasser getragen wird.
* Wischen Sie dei Uhr sorgfältig ab, wenn sie nass geworden ist. Sollte die Uhr in Salzwasser getragen worden sein, spoülen Sie sie vorher mit Fischwasser ab, und wischen Sie sie dann trocken.
* Lassen sie Ihre Uhr regelmäßig von einem FACHHÄNDLER auf Intaktheit des Gehäuses, der Krone und der Kristalldichtung hin überprüfen.
Anmerkung: Bitte überprüfen Sie ob auf der Rückseite des Uhrengehäuses "Water Resistant" (wasserdicht) steht.«

Gebrauchsanweisung für
vielverträgliche Tastatur

»Überblick

Die "STAFF-K9AT" Tastatur gibt es sechs hervorragende wie folgen hauptzüge.
1. Beider PC/PCAT plug-verträglich.
2. Aüsgezeichnete rührende fühlen mechanische
taste.
3. Niedrige profil und din standard
4. Doppelschiessen stehskulpture staten.
5. Viele sprache statatur ist benutzbar: Englisch,
Deutshc, Franzozisch, Spanisch, Italische, und
Swedisch
6. Verbergte hoch-anpassbar.

Technische Einführung
Die STAFF-K9AT tastatur innerseite ist definiert,
so dass system software gibt es maximum biegsamkeit im verbergten stimmten tastatur-wirkung.
Das ist ausgebildet nicht amerikanen standard code für information interchange coden, sodern die
tastatur zurück. Übrigens, allen tasten sind schreibmatik und entwickeln beider ein bau und ein pause
skan code. Die tastatir I/O fahrer Können die tasten
als schicht tasten oder schreibmatik erklären, als
fordert druch die bewerbung.
Die mikrokomputer tastaturen ausführt viele funktionen. Einschliesslich, ein an-kraft selbst-prüfen

111

während es its von der system-einheit verbraucht. Diese prüfung des miktokomputer rom prüft die erinnerung, und für die stück tasten. Ubrige funktionen sind: tastatur scan, polier von über 32 tasten scan coden, und es erhaltet unmittele reihe communicationen mit system einheit, und ausführt die hand-schütteln protokol von jeder transfer braucht.

Benutzung
Die STAFF-K9AT tastatur gibt es 105 tasten in vier hauptgruppe. Linke portion von der tastaturen ist standard schreibmaschinen tastatur. Überseite 20 funktionen tasten F1 zu F10 sind benutzerausführt vom software. Die centrale portion ist eine 10-tasten kissen, diese tasten sind auch von der software ausführt, und kontrolliert umschriftlich fur die funktionen fur cursor. Recht seite ist 18-tasten kissen, diese tasten sind, umschriftliche fur die junktion der nummerlichen eingang, kalkulature kissen. Diese "Enter" taste ist gleich als "Return" taste.«

Gebrauchsanweisung für eine *LCD-Digitaluhr*

»Die anzeigenden und festgestellten Funktionen dieser Uhr werden durch nur zwei Knöpfe bedient: S1 (Befehlsknopf) und S2 (Feststellknopf) S2 hat folgende Funktionen:

1x drücken = wechselnde Zeit- und Datenangabe
2 x drücken = eingestellter Monat z. B.   12
3 x drücken = eingestelltes Datum   2
4 x drücken = eingestellte Stunde   10:A
5 x drücken = eingestellte Minuten   :5
6 x drücken = normale Zeitangabe

Durch jeden kurzen Druck von S2 wechselt die Uhr jeweils aur nächst eingestellten Funktion. S1 wird benutzt, um entweder Zeit, Datum oder Sekunden abzurufen.

Zeitanzeige

Die Uhr zeigt Stunden links und Minuten rechts des blinkenden Doppelpunkles an Der Doppelpunkt unteracheldet die Zeitanzeige von der Datenanzelge, die kainen Doppelpunkt sufweist.

Datenanzeige

Sei Druck von S1 erscheint die Dalenanzeige so lange, wie der Knopt leslgehallen wird Elwa 2 Sekunden nachdem S1 losgelassen wird, erscheint wieder die normale Zeitangabe.

Sekunden

Sekunden konnen bei eingeschalleter Datenangabe durch einmaligun Druck, bei eingeschallater Zeltangabe durch sweimatigen Druck von S1 eingestellt werden. Die Sekundenangabe lbeibt so lange eingeschallet, bis S1 wieder gedruckt wird und somit die Zeitanzeige erscheint.

Wechselnde Zelt- und Datenangabe

Wird bei eingeschalteler Zeltanzeige der knopt S2 sinmal gedruckl, so erscheinen sbwachseind lut 2 Sekunden Zeil (mit Doppetpunkt, jedoch ohne Blinkfunktion) und Daium Sei Druck von S1 wird die Wechsellunklion wiederhergestelit Um die Uhr wieder suf normale Zeitangabe mit blinkendam Doppelpunkt einzustellen, mussen durch Druck von S2 alle festeingesiellien Funktionen der Uhr durchiaufen warden, bis die Zeitanzeige wieder erscheinl.

Einstellen der Uhr

Zum Stellen der Uhr benutzen Sie am besten einen spitzen Gegenstand, wie z. B. einen Kugelschreiber. Drücken Sie S2 mehrmals nacheinander, bis der Monat in der Anzeige auf der linken Seite erscheint. Der Doppelpunkt und die rechte Seite sind gelöscht. S1 muß nun so lange eingedrückt oder mehrmals kurz hin ereinander betätigt werden, bis der gewünschte Monat auf der Anzeige erscheint, dann loslassen.

Durch kurzen Druck von S2 wechselt dann die Monats-sur Tagesangabe. Der Tag wird auf der rechten Seite angegeben, der Doppelpunkt und die linke Site sind gelöscht. Der Tag kann nun durch S1 in vorgenannter Weise verstellt werden.

Durch nochmaligen Druck von S2 wird die Stundenangabe abgerufen. Diese Anzeige erfolgt mit Doppelpunkt auf der linken Seite, ganz rechts erscheint ein A (= vor 12.00 mittags) oder ein P (= nach 12.00 mittags). A oder P wechseln, wenn die Mittagsstunde überschritten ist, der Kreislauf betragt 24 Stunden. Sollte statt A oder P eine andere Ziffer erscheinen, so ist S1 so lange zu drucken, bis 1 wieder angezeigt ist. Dies kann nch Stromaustfall, wie z. B. bei Batteriewechsel, passieren.«

»* Bemerken Sie sich vor der Aufsetzung, dass "der Bewegungs-sensor am empfindlichsten nicht auf die naherkommende oder weggehende, sondern auf die durch die Absuchensgegend schiebende Bewegung ist, setzen den Sensorkopf diagonal auf die Schutzgegend hindurch".

* Diese Anlage funktioniert mit regelmässigem Haushaltsstrom, AC 220-240V/50Hz.

* Stromgebrauch nicht hoher als 150 Watt.

* Versichern Sie sich, dass das Stromkabel von einer Schaltung mit angemessener Sicherung oder Sicherungstrennschalter kommt.

* Die Zuleitung des Gerätes muss einen Querschnitt von mindestens 1.5mm2 haben.

* Das Gerat ist ausschliesslich fur den Festanschluss vorgesehen und es muss ein Schalter mit mindestens 3mm Kontaktoffnung in der Zuleitung (L.N.) eingesetzt werden.

* Zur Einhaltung des Berührungschutzes an der Fassung muss der Phasenleiter (L) auf dem Mittelkontakt gelegt werden.

* Dies ist nach der Installation zu berprufen. Ein flexibler Anschluss oder Anschluss über ein Stecksystem (Verwechselbar) ist nicht zulässig.

* Der Anschluss an einem Zweiphasensystem ist nicht zulässig. Es müssen immer zwei Leuchten eingesetzt werden.

* Diese Anlage soll nicht im Innenbereich verwendet werden.
* Diese Anlage kann stehend (waagrecht), hangend (waagrecht vertikal) montiert werden.
* Sicherheitsabstand zu entflammbaren Flachen min. 1m (siehe Bildzeichen am Gerat).
* Für eine Montage im Freine sollen Deachvorsprünge verwendet werden
* Die Lampenhalter müssen mindestens 20 Grad nach unten justiert werden (Niemals nach oben!)
* Den Anlage immer auf die gleiche Richtung installieren, damit der Kontrollsknopf des Bewegungssensors nach unten aufgestellt wird.
* Die Lampe sollte nicht installiert werden, wahrend es regnet.
* Wenn Sie sich der Installationsprozedur nicht sicher sind, ziehen Sie einen qualifizierten Elektriker zu Rate.

VERMEIDEN SIE FOLGENDES:

1. Den Sensor nicht auf Wasserflächen, ssäume, Lichtquellen (z.ss. Glühbirnen) oder Stellen richten, die haufig von Tieren aufgesucht werden.
2. Die Anlage nicht an Stellen montieren, wo sie erheblichen Temparaturschwankungen ausgesetzt ist.
3. Die Anlage nicht in der Nähe von Klimaanlagen, Heizkörpern etc montieren.
4. Anlage soll nicht dem direkten Sonnenlicht ausgesetzt sein.

5. Lassen den Sonsor den Lampeninhaber oder die Lampe nicht berühren, sonst werden sich die Schäden oder unstabile Arbeitsweise ergeben. Lassen den Scheinwerferlicht nicht direkt auf den Bewegungssensor hinrichten.

INSTALLATION:

Wichtig: In einigen regionalen Bauregulierungen kann vorgeschrieben sein, dass die Anlage nur von einem gelernten Elektriker installiert werden darf. Erkunden Sie sich, welche regionalen Regelungen Sie beachten müssen. Im Falle die Leitungen im Haus Aluminium-Leitungen sind, sollten Sie sich bei einem ausgebildeten Elektriker entsprechend Auskunft einholen.
SCHALTEN SIE DEN STROM AB, bevor Sie mit der Installierung beginnen!!

1. Legen Sie das Stromkabel durch den Gummiring in der Montierbox.
2. Installieren Sie einen passenden Verteilerstecker am Aufstellungsort.
3. Entfernen Sie etwa 6-8mm der Stromkabel-Isolierung.
4. Verbindungen Sie dei BRAUNE Leitung (stromführende Leitung) mit der Klemmleiste, an der Stelle markiert mit "L". Verbinden Sie die BLAUE Leitung (neutrale Leitung) mit der Klemmleiste, an der Stelle markiert mit "N".

DEN BEWEGUNGSSENSOR EINRICHTEN

Test Mode:
1. Stellen den LICHT und Zeitkontrollsknopf ganz im Uhrzeigersinn auf die TEST Position.
2. Schalten Sie den Strom ein. Das Licht geht sofort an, die Einheit wird für ca. 60 Sekunen aufgewarmt. Nach der Aufwarmphase erlischt die Lampe wieder. Gehen sie selbst im Sensorbereich vorbei, das Licht geht sofort an. Damit haben Sie die Funktionstüchtigkeit von Lampe und Sensor sichergestellt.
3. Der Licht wird aufgemacht, als man durch die Absuchensgegend durchgeht und die Bewegung Warten für ungcfähr oder mehr als 5 Sekunden beim Test. wahrgenommen ist; und er wird zugemacht, als man anhältet.
4. Richten Sie den Bewegungssensor nach Ihren Bedürfnissen ein.

ZEITREGULIERUNG:

1. Der Zeitregulierung kontrolliert die Bleibszeitdauer des Lichtes, nachdem die Bewegung wahrgenommen ist.
2. Schalten den Zeitkontrollsknopf zur mittlen Stelle Schreiben die gebrauchte Ausmachenszeit fur den Licth auf.
3. Schieben den Zeitkontroller im Uhrzeigersinn zur Verlängerung der Ausmachenszeit. (maximal 12 Minuten).

MANUELLE AUFSETZUNGSMODE

Auf die Weise der AUFSETZUNGSMODE, der Licht bleibt aufgemacht ohne Rucksicht auf die Bewegung und das Lichtniveau.
Der Bewegungssensor wird auf MANUELLE AUFSETZYNGSMODE umgestellt, als der ON/OFF Schalter zum OFF und ON in zwei Sekunden geschnipst wird.
Um den Bewegungssensor wieder Zum AUTO MODE umzustellen, mach den ON/OFF Schalter erst zum OFF fur knapp 5 Sekunden dann zum ON auf.

EINFUHRUNG FUR DIE PROBLEMBESEITI-GUNG
DER LICHT KANN UBERHAUPT NICHT AUF-GEMACHT WERDEN:

1. Kontrollieren Sie die Lampen auf etwaige Be-schädigungen und ersetzen Sie fehlerhafte Teile.
2. Sehen Sie nach, ob den Strom fur Bewegungs-sensor gibt.
3. Prüfen Sie alle Leitungen und Verbindungen nach.

DER LICHT BLEIBT AUFGEMACHT DEN GANZEN TAG UND DIE NACHT:

1 Machen Sie sicher, dass Ihr Bewegungssensor nicht zum MANUELL AUFSETZUNGS
MODE umgestellt ist, weil das zu viel Strom

verbraucht sonst stellen Sie den Aufsetzung-BY-PASS Schalter auf ON um.

2. Das An- und Abschalten benötigt mindestens 5 Minuten. Warten Sie solange, bevor Sie unnötigerweise nach Fehlerquellen suchen.

3. Prüfen Sie alle Leit- und Verbindungen nach.

DER BEWEGUNGSSENSOR IST IMMER BEREIT ZUM GREIFEN DER BEWEGUNG:

1. Reduzieren Sie die Zeitdauder.

2. Schieben die Haubelampe weg von dem Bewegungssensor.

3. Richten Sie den kopf des Bewegungssensors ein bisschen nach unten.

DER ABSUCHENSBEREICH IST KNAPP ODER ZU WEIT

1. Da der Bewegungssensor am empfindlichsten nicht auf naherkommende oder weggehende, sondern auf die durch den Absuchensgegend schiebende Bewegung ist, setzen den Sensorknopf diagonal auf die Schützgegend hindurch.

2. Der Bewegungssensor wirkt am besten auf dem flachen Gelände. Schieben Sie den kopf nach unten im Tal, und ein eisschen nach oben auf dem Berg.

3. Der ideale Ausrichtwinkel der Linse liegt hierbei zwischen "4" und "6" Grad.

4. Der grssere Radius ist die Entfernungseinstellung, der kleinere die Erfassung.«

Aus einer Gebrauchsanweisung
für einen *Videorecorder*

»Die Programmierdaten übertragen

Die Übertragungstaste gedrückt halten und auf der
Multifunktions-Anzeige am Recorder überprüfen,
ob die programmierten Daten korrekt sind. Nach
dem Loslassen der Taste bleiben die Daten noch
ca. 2 Sekunden lang angezeigt.
• Der >Piep-piep, piep-piep, piep-piep, piep-piep,
piep-piep, piep-piep< - Ton zeigt an, daß die
Programmierung in den Recorder übertragen und
damit beendet ist.
• Falls die Übertragung nicht korrekt empfangen
ist, macht der >piep-piep-piep-piep-piep-piep-piep-
piep-piep<- Ton vom Recorder darauf aufmerksam. In diesem Fall ist die Übertragung erneut
durchzuführen.
• Wenn bereits alle Timer-Programmnummern
belegt sind, macht der >piep-piep-piep-piep-piep-
piep-piep-piep-piep< - Ton vom Recorder darauf
aufmerksam, daß die Timer-Programmierung nicht
gemacht werden kann.
• Der Videorecorder ist bis zum Ende des Jahres
2087 vorprogrammiert.
Die Anzeigen "88" bis "99" gelten für dieses
Jahrhundert.
Die Anzeigen "00" bis "87" gelten für das nächste
Jahrhundert.«

»Bleiben Sie am Leben in einem Hotelfeuer

1. Nehmen Sie die Zimmerschlüssel-Kreichen Sie zur Tür.
2. Befühlen Sie die Tür-Wenn heiß, öffnen Sie die Tür nicht.
3. Wenn die Tür kühl, öffnen Sie, aber Langsamkeit und mit Hut sein.
4. Beobachten Sie den Gang-wenn rauchig, bleiben Sie niedrig.
5. Gehen Sie schneller zu dem besten Ausweg.
6. Gehen Sie zum Erdgeschoß, wenn möglich-sonst benutzen Sie das Dach.
7. Wenn die Tür heiß, bleiben Sie im Zimmer. Können Sie aus dem Fenster spazieren?
8. Lassen Sie den Rauch vom Zimmer aus, wenn notwendig als Hilfe kommt.
9. Machen Sie ein Signal vom Fenster.
10. Füllen Sie Schwimmwanne, um Wasser gegen Feuer.
11. Legen Sie nasse Handtücher um die Tür.
12. Wenn notwendig atmen Sie frische Luft durch Fenster-aber vorsicht, vielleicht gibt es Heizung und Flamme von unten.«

Aus einer Montageanleitung
für einen *Motorrad-Stossdämpfer*

»Jetzt Luft bis zu einem Druck von 2 - 3 Atm.
einlassen wegnehmen den stossbrenner und behalten den druck geöffnet.
Für diesen Arbeitsgang ein Gerät mit Druckmesser verwenden, um Bewertungsfehler zu vermeiden, die bei anderen Methoden leicht unterlaufen.
Um den Druck im Tank gebrauchen vornereitungen imstande zu luft einführen und nicht ausschlieblich auf mass. Tatsächlich schon bei prüfung hat die luft, eintreten in den apparat, beitragen zu dem senken des wirklich druck in dem stossdämpfer deshalb mub man wiederhertellen den beraten druck. Ventilstöpsel festschrauben.
Jetzt FEDER (A) wiedereinbauen; dabei besonders auf den breiteren Teil achten, der sich immer in Kontakt mit der Eintstellnutmutter befinden muss. Das gilt, wenn der Stossdämpfer mit der Feder von charakteristischer <Fass> -Form ausgerüstet ist. Wenn es sich dagegen um eine normale Feder handelt, ist zuerst der UNTERE FEDER-AUFLAGERING (B) einzubauen und dann die Feder selbst mit ihrem breiteren Teil.«

Gebrauchsanweisung
für eine *Glasmantelisolierkanne*

»Sie haben für diese Kanne Geld bezahlt - oder
direkt gesagt - hart gearbeitet. Es ist klar, daß Sie
also an dieser Kanne Ihre Freude haben sollen und
einen täglichen Nutzen.
Das dürfte aber nur dann möglich sein, wenn Sie
diese Zeilen genau lesen und nach unseren Vor-
schlägen handeln
- letztlich geht es um Ihr Geld!
Und nun bitte 5 Minuten Konzentration - und die
kleinen grauen Gehirnzellen auf "speichern" schalten:
Heißhalten: Lauwarm ausspülen, dann mit heißen
Wasser füllen, nach 5 Minuten Wasser ausgießen
und dann das Getränk einfüllen.
Kalthalten: Mit Wasser vorspülen (wenn jedoch
unmittelbar vorher heißer Kaffee in der Kanne war
- dann natürlich erst lauwarm spülen und dann
kalt).
Wesentlich ist, daß ein plötzlicher und krasser
Temperaturunterschied vermieden wird!
Es ist also Unsinn, eine Kanne z. B. im Winter aus
der kalten Speisekammer zu nehmen und sofort
heiß zu füllen - denn dann zerspringt das Glas,
wenn nicht sofort - einige Zeit später.
Kaffeefilter: Kann direkt auf die Öffnung der Kanne gesetzt werden.

Teezubereitung: Sie können in dieser Kanne - wie gewohnt - auch Ihren Tee zubereiten. Geben Sie den Teebeutel einfach in die Kanne und verbinden Sie die Schnur nach hinten mit dem Henkel (Wir haben dort im Gewinde extra Platz gelassen). Beachte: Nur Teebeutel – Kein Metall-Tee-Ei verwenden!

Füllmenge:
Bis ca. 2cm unterhalb des Glashalses füllen. Der Schraubverschluß soll nicht in die Flüssigkeit eintauchen.

Verschließen:
Schraubdeckel aufsetzen und nach rechts drehen.

Ausgießen:
Schraubverschluß eine halbe Umdrehung nach links drehen - damit ausgegossen werden kann ohne Abnahme des Verschlusses (sonst wird der Inhalt kalt!).

Warmhaltedauer: Wenn Sie obige Punkte beachtet haben, also: z.B. den Kaffee wirklich heiß (ca. 90 – 95 Grad) einfüllten, und zwar die Kanne voll, und diese richtig verschlossen haben - dann bleibt der Inhalt ca. 20 Stunden warm.

Wenn Sie jedoch nur 2 Tassen einfüllen, oder den größeren Teil bis auf einen Rest entnommen haben, so ergibt sich eine wesentlich kürzere Warmhaltedauer.

– denn wenig Flüssigkeit
= wenig Wärme
= schnelle Abkühlung
(Das ist logisch und hat nichts mit der Qualität der Kanne zu tun.)

Ihre Kanne hat unten einen Boden aus hochwerti-
gem und bruchfestem Kunststoff. Wenn Sie die
Kanne auf den Elektroherd stellen, geht der Boden
kaputt - und der Kaffee wird trotzdem nicht wieder
heiß - denn wenn die Wärme nicht von innen nach
außen dringt - dann auch nicht von außen nach
innen. Haben Sie trotzdem einmal den "Versuch"
gemacht - so senden wir Ihnen neue Teile - aber es
kostet Ihr Geld
Natürlich sollten Sie Ihre Kanne senkrecht hand-
haben - wo und wie auch immer - !
Boden: Kann nach langer Gebrauchsdauer nach
rechts gedreht werden, wenn der Abdichtungs-
druck am Halsgümmi erhöht werden soll,
- es dürfte aber kaum nötig sein.
Säubern Sie diese Kanne und den Schraubverschluß nur mit einem weichen Tuch. Legen Sie die
Kanne und den Verschluß niemals insgesamt ins
Spülwasser. Ihren Kühlschrank legen Sie ja auch
zum Säubern nicht in die volle Badewanne - oder?
Der Einsatz ist aus Glas gefertigt. Bitte behandeln
Sie diesen beim Säubern vorsichtig, z. B. wie ein
teures geschliffenes Weinglas, also nicht mit har-
ten Gegenständen oder mit Scheuersand -
- der Kauf einer neuen Kanne wäre damit bald
notwendig - denn wenn Sie z. B. Sand auf Glas
reiben, so wirkt dies wie schneidender Diamant -
und über kurz oder lang springt das Glas.
Kaffe- oder Teeansätze, die sich vielleicht beim
längeren Gebrauch am Glas bilden, könmnen ge
radezu phantastisch mit einem Zahnersatz-Reini-
gungsmittel entfernt werden.

Sollten Sie den innerlichen Drang verspüren, die Kanne auseinanderzunehmen - bitte lassen Sie es, es gibt sicher bessere Forschungsobjekte; denn der Glaskörper hazt unten eine ganz empfindliche Glasspitze.

- wird diese beschädigt - und das ist beim Auseinandernehmen sehr leucht möglich - dannhaben Sie bestenfalls noch eine Kanne für die Vitrine - warmhält sie nicht mehr!«

Gebrauchs-Richtung für eine Halogenlampe

»Bitte vor Gebrauch aufmerksam lesen;
Bitte prüfen Sie unbedingt vor In betriebnahm der
Lampe, ob alle Glühlampe fest sind.
Wenn sich nur eine Glühlampe gelöst hat, leuchten
alle Glühlampen nicht. Der Stecker ist dann her-
auszuziehen und alle Glühlampen müssen festge-
zogen werden.
Diese Lampe darf nicht länger als 24 Stunden
brennen um Überhitzung zu vermeiden. Danach
den Stecker herausziehen und Lampe abkühlen
lassen. Dann wieder anschalten.
Wir möchten darauf hinweisen, unbedingt darauf
zu achten, dass jede Glühlampe genau in der Mitte
der Blüte steht.
VORSICHT:
Diese Lampe darf nicht mit Wasser in Berührung
kommen!
Bitte niemals länger als 24 Stunden brennen lassen.
Bitte hinstellen Sie die kaputten Glühlampen
schnell wieder um überhitzung zu vermeiden.
Bitte beerleuchten diese Lampe nicht in dem Er-
stickungplatz z. B. Schaufenster, Bauchsbaum.«

»1. EIGENSCHAFTEN
a. Funktionen Anzeigen der Zeit von Monat bis Sekunde, Alarm, Studenschlag und Beleuchtung.
b. Bild: Kristallische 4 Digital-anzeige

2. DIE PRÜFUNG FÜR ALARMVORRICH-TUNG
Drücken auf den Knopf für Bildwahl, und den Knopf für Einstellung, dann sollte die Alarmstimme schlagen, solange die Drücke bleien. Das Bild zeigt wie folgendes Diagramm.

3. DER KNOPF FÜR BILDWAHL
Drücken auf den Knopf für Bildwahl und zeigt das Bild in eine Reihe wie folgendes Diagramm.

4. DER KNOPF FÜR EINSTELLUNG
Drücken auf den Knopf für Einstellung, zeight das Bild in eine Reihe wie das folgendes Diagramm.

5. DIE EINSTELLUNG VON ZEIT
Wenn die Uhr nicht richting geht, drücken auf den Knopf bis das falsche Zeiteinheit zeigende Bild und richtigstellen mit dem Druck auf den Knopf fkur Bildwahl.

6. RÜSTEN- ODER ABRÜSTEN ODER HERVORBRINGEN VON ALARMVORRICHTUNG

a. Drücken auf den Knopf für Bildwahl bis das die Zeit von Alarm zeigende Bild, und dann drücken auf den Knopf für Einstellung, um Alarmvorrichtung zu rüsten (mit der Alarmfahne) oder zu rüsten und hervorbringen mit der blinken den Alarmfahne, oder die Alarmvorrichtung abzurüsten.

b. Die Uhr mit der Alarmfahne (ein Glöckchen) schlagt jedesmal 20 Sekunden lang in der eingestellte Zeit von Alarm.

7. ZEIT VON ALARM

Drücken auf den Knopf für Bildwahl bis das die Zeit von Alarm zeigende Bild und adjustieren mit dem Druck auf den Knopf für Einstellung und für Bildwahl wie das folgende Diagramm.

8. STUNDENSCHLAG

Drücken auf den Knopf für Bildwahl bis das die zeit von Alarm zeigende Bild, und danndrücken auf den knopf für Einstellung zweimal, um die Studenschlag vorherzubringen (mit der blinkenden Fahne). Wenn die Fahne nicht blinkt, wird die Stundenschlag nicht wirken.

9. ACHTUNG

a. Die Uhr vor Wasser oder Feuchtigkeit bewahren.

b. Die Uhr vor der höheren Temperatur (über 50Grad C oder 122 Grad F) sichern.

c. Benutzen die richtinge Batterie.«

»Energieversorgung
Pruef & Korrigren Rechner Model VZ-600 hat 2
Kraft Quelle; hoch Sonnenkraft + abwechselnd
Batterie, und kann unter allen Beleuchtungs-be-
dingungen arbeiten. In normalen Beleuchtungsbedingungen, ist es mit Sonnenzellen-Kraft betreiben und wenn die Beleuchtungsbedingungen zu
niedrig ist, wird sein Kraft Quelle automatisch zu
abwechselnd Batterie aender.

* SCHLUESSEL ERKLAERUNG
: die Einheit zu kraeften,order Alles Klar Schluessel. Wenn (ON/AC) Schluessel ist benuetzt, wird
die Dezimalpunkt Position an Volldezimalweise
setzen.
: Dezimal-Punkt setzen Schluessel.
: Verkaufspreis, Spanne, order Rabattziffer rechnen Schluessel.
: schnelle Uebersicht von rechnerischen Prozess.
#: Schrittweise Pruef Schluessel (Vorwaert ge-
richtet a - b - c = d).
: Schritteweise Pruef Schluessel (Rueckwaert ge-
richtet a - b - c = d).
: Korrigiren Schluessel.
: Die Umschalttastes, mit dem die letzt eintretete
Zehe zu striechen.
: Erinnerung plus Schluessel.

: Erinnerung minus Schluessel.
: Erinnerung Zurueckrufen und Klar Schluessel.

* BEISPIELE DER OPERATION

1. Pruef und Korrigrung Funktion

Die Einheit hat ein 32 Schritt wiederspielen Inhalt, den nuetzlich ist, um jeder Prozess von Rechnen zu pruefen, und wenn es fehlen-Eintritt gibt, kann es korrigirt werden.

Bemerkung

i) Nach dem Rechnen schluss ist, drucken Sie (CHECK), (CHECK), oder AUTO REPLAY9 Schluesseln, um wiederspielen Mode zu eintreten.

iii) Drucken Sie (CORRECT) Schluessel, um die Einheit in Korrigierung Mode zu setzen. Nach der Korrigierung, drucken Sie noch einmal (COR-RECT) Schluessel, um weitere Wiederspielen-Operation auszufuehren.

iii) Wiederspielen Mode kann mit (ON/AC) Schluessel klar machen.

iv) Wenn die Rechnen mehr als 32 Schritten sind, ist es auf die linke Seite von L.C.D. mit blinken "32" gezeigt. Weitere Rechnen kann machen noch, aber wird es nicht in wiederspielen Erinnerung eingelargt.

V) Korrigierung ist nur moeglich, wenn die Rechnen weniger als 32 Schritten sind. Fuer die Logik von kleines Prozesser, (M+) und (M=) Schluesseln sind Schluss von einer Rechnen wie als (=) Schluessel sorgfaeltig angesehen, und die Figur, die zwichen diesen Errinung Schlуssln eintretet sind, sind selbstaendig miteinander. Deshalb wird

134

die Korrigierung von gemischten Erinnerung-
Rechnen nicht erlaubt sein.

Beispiel: 10 x 20 (M+) 200 ..... Korrigierung
YES
          10 x 5 (M=) -50 ..... Korrigierung YES
                   (MRC) 150 ..... Korrigierung NO.

vi) Wiederspielen-Funktion kann mit (?) (Qua-
dratwurzel) Schluessel nicht nuetzen.«

Anweisung für die
Bedienung der Fernsprechapparate

»Ankommende Anrufe:

1. Wenn der Wecker am Apparat ertönt, Hörer abnehmen und melden.

2. Bei GS mit Vermittlungsstelle nicht von der Vermittlungsstelle längere Gespräche führen, nicht vergessen, die Schlußtaste zu drücken. Bei Vermittlungsstellen auf Auflösen achten, da sonst alles blickiert ist.

3. Wenn die Vermittlungsstelle der Hauptstelle Ferngespräche vormeldet, das eigene Gespräch kurzfristig beenden oder Ausweich-Nr. anbieten.

4. Bei Abwesenheit der Abt./ Gruppe vorher Telefonzentrale auf 18 verständigen, gegebenenfalls Notdienst einrichten.«

Zement hilft jeder Luftmatratze!

Mit folgender Gebrauchsanleitung versucht die in Taiwan beheimatete "XYZ Corporation", die deutschen Käufer ihrer selbstaufblasenden Luftmatratze "Insul-Mat" von den Vorteilen des Produktes zu überzeugen:

»Irgendswo Können Sie Gemütliches Schlafen Geniessen

1. Die Inflation: Drehen das Messing Ventil zu offener Position. Die Puff Unterlage wird sich puffen. Um eine zusätzlich feste unterlage zu haben, braucht man die Luft darin mehrer zu ablassen. Wenn die Luft reichbar, dann drehen das Ventil zu geschlossener Position.

2. Die Deflation: Im Zweck auf Tragen order Largen, drehen das Ventil zu offener Positionm und dann rollen die Puff Unterlage auf. Inzwischen drucken die Unterlage langsam bis Luft entleert. Für kleinere Konfiguration ist es nötig die Puff Unterlage noch einmal zu rollen. Wenn die ubrige Luft in der Nähe des Ventil bleibt, dann machen das Ventil auf. Nach der Luft aus, dann schliessen nochmal das Ventil.

Achtung:

* Wenn die Puff Unterlage shon lange Zeit gerollt wurde, da bracht man zwei order drei Mals die Luft sie zu puffen und ablassen, dann wird die Unterlage in einer gute Form erhalten.

* Wenn das Wetter kalt ist, wird die Puff Unterlage sich langsam puffen. Entrollen die Puff Unterlage und liegen auf ihr, dann wird sie von der Wärme sich Inflationen bekommen.

* Wenn die Puff Unterlage etwas Kaputt geht, kann man mit den zusätzlishen Nylon Kleiderstoff und Zement reparieren.

* Die Feuchtigkeit immer schadet der Puff Unterlage, so muss man achten, ob die Oberfläche und die Untenfläche trocken ist, bevor zur Einlagerung.«

Anweisungen für den
Gebrauch der Higienischen Dienste

»Die Beitretung zu der Toilette ist für jedes Gebrauch, einem einzelnen Person eingewilligt. Die
Kinder müssen immer von einem Erwachsener
begleitet werden.
Die Münzen (2 Stücke von 100 Lire, oder 1 Stück
von 200 Lire) einfügen, nachdem der grüne Spä-
cher FREI zeigt.
Sich sofort vor der automatische Tür stellen, und
auf die Eröffnung warten.
Eintreten, auf das Schliessen der Tür warten, und
die verschiedene Dienste verbrauchen (w.c. - Toi-
lettenpapier - Seifel - Wasser - Elektrische Handtücher - Kleiderhacken).
nachdem man den Dienst verbraucht hat, um aus-
zugehen, man muss nur den grünen Knopf an der
linken Seite der Tür drücken.
Für das nächstes Gebrauch man muss auf das
Schliessen der Tür warten, weil das Abwaschen
und die disinfektion vorfällt.
Anmerkungen: Wenn man nicht sofort den Dienst
verbraucht, die Tür wird zu gehen, und es wird eine
neue Möglichkeit zu dem Verbrauch gegeben,
wenn die Tür wieder aufgeht.
Wenn der Dienst auch nicht beider zweite Möglichkeit verbraucht wird, man muss die Münzen
wieder einfügen.«

Stuhl

»AUF GRUND DER BENUTZUNG IN DEN ERSTEN TAGEN WIRD DAS LEDER NORMALERWEISE LOCKERER. ZUR WIEDERGEWINNUNG DER GEWUENSCHTEN SPANNUNG SOLL AUF DIE TRAVERSEN GEWIRKT WERDEN.

AB UND ZU KANN ES NOETWENGIG SEIN, DIE SCHEIBEN (6) UNTEN DEN SCHRAUBEN (4) ZU BENUTZEN, UM ZU VERMEIDEN, DASS DIE SCHRAUBEN AUS DEN ARMLEHNEN HERAUSKOMMEN.«

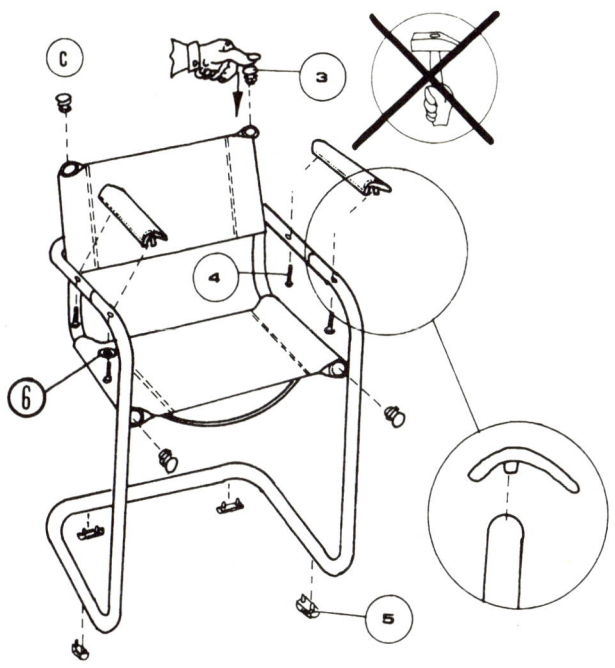

C

3

4

6

5

Gebrauchsinformation zu einer
UHF/VHF Zimmerantenne mit Verstärker

»Eingenschaften:
* Um 360 drehbare UHF/VHF-Antenne.
* Eigenständige Empfang von Fernsehsignalen
oder Verbindung zur Außenantenne möglich.
* Energieversorgung Wechselstrom für Drummen
Gleichstrom Für Draußen.
* Fähigkeit zur Signal Verstärkung. Die Verstär-
kung wird durch Drechen des Knopfe eingestellt.
(Im Uhrzeigersinn für größte Leistung)
Der Knopf dient gleichreitig zum Ein- und Aus-
schalten.

Anschluß
1. Anschließen der Antenne an den Antennenan-
schluß des Fernsehgerätes mit dem entsprechenden Kabel.
2. Verbinden des Netzkabels mit dem Antennen-
ausgang an dem Rüchseite, anschließen an die
220v/AC Steckdose.
3. Bis Bedarf das Kabel Außenantenne anschließen.
4. Zum Betrieb mit 12V, Anschließen der Antenne
an entsprechende Batterie oder Stromquelle.
5. Das Kabel wird auf Wunsch mitgeliefert.

* Noise Figure: 6dB«

Gebrauchsrichtlinien für einen
Scanner C-Cell Flashlight

»Glückwunsch! Nun besitzen Sie das fineste Blitzllicht der Welt. Folgen Sie unseres wertvollen Rate,
so daß Ihr Blitzllicht immer gut Funktionieren
kann.

ANWEISUNGEN FÜR MONTAGE:
Lesen Sie bitte ausführlich bevor Sie dies erstmal
betätigen.

1. EINSETZEN DER BATTERIE
Schrauben Sie den Rückdeckel (15) auf und setzen
Sie "C" Batterien mit dem (+) Ende der Batterie
gegen den Kopf des Blitzllichtes ein. Stellen Sie
den Deckel zurück. (Wichtig: Der Rückdeckel
(15) muß fest befestigt werden, um den guten
Kontakt zu sichern).
* Für beste Leitung und das lange Leben der
Flühlampe benutzen Sie die alkalischen Batterien.
2. ON/OFF
Um Das Blitzllicht auf ON oder OFF zu schalten,
drücken Sie den Gummidruckknopf (9).
3. BLITZLLICHT EINSTELLEN
Drehen Sie die Gesamtheit von (1) bis (4) im
Uhrzeigersinn bis es anhaltet. Dann drehen Sie
dies in der umgekehrt Richtung. um den Strahl
zum gewünschten Leuchtpunkt einzustellen.

4. GLÜHLAMPE WECHSELN (NEUE GLÜH-LAMPE IM RÜCKDECKEL)

a. Entfernen Sie die Gesamtheit von (1) bis (4) im gegen Uhrzeigersinn, dann schrauben Sie die Befestigungskappe (6) auf und entfernen Sie die alte Glühlampe (7).

ACHTUNG:

Der Lampe-Hälter kann nicht entfernt werden.

b. Holen Sie die Ersatzlampe aus dem Deckel (15) unter der Feder heraus (13).

c. Setzen Sie die neue Glühlampe ins Loch der Lampehälters ein und stellen Sie die Befestigungskappe zurück.

Die glühlampe wird sofort beleuchten, wenn es im guten Kontakt ist.

* Glühlampen sind beim örtlichen Verkaufsbüros oder beim Händler erhältlich.

5. REPARATUR ODER WECHSEL DES SCHALTERS

(Achtung: Versuchen Sie nicht, dies zu unternehmen!)

Der Einsatz des Schalters (8) kann nicht entfernt werden, nur wenn Sie geeignete Werkzeuge haben. Sollte der Schalter unbedingt ersetzt werden, senden Sie Ihr Blitzllicht zur Fabrik oder zum einen qualitizierten Kundendienst zurück.

WARTUNG

Um das höchsts Leben und Leistung Ihres Blitzllichtes zu erhalten, ist es nötig, einige Wartungsarbeite durchzuführen:

1. Bewahren Sie alle Gewinden und O-Ringe mit Maschinenöl oder Mineralöl geschmiert auf.

2. Benutzen Sie Bürste aus dem Kamelhaar oder Luft, Linse sauber zu machen.

3. Lassen Sie Ihr Blitzllicht nicht für lange Zeit in besonders abgesetzten Batterien, um Schädigung des Blitzllichtes infolge des Batterie-Auslaufens zu vermeiden. Wenn das Batterie-Auslaufen vorkommt, senden Sie Ihr Blitzllicht mit sich noch im Blitzllicht befindlich geschädigten Batterien zum Batterie-Hersteller für Rückzanlung oder Wechsel des Blitzllichtes.

BESEITIGUNG DER PROBLEMEN:

1. Das Blitzllicht schaltet nicht auf ON oder ist ruckweis auf ON.

a. Prüfen Sie für defekte oder ausgeglühte Glühlampe.

b. Achten Sie darauf, ob der Rückdeckel richtig befestigt ist und kein Fremde-material darzwischen ist.

c. Bestreichen Sie nicht mit nicht-überzogenes Gebiet und prüfen, ob dies infolge des Verlieren des elektrischen Kontakt ist.

d. Prüfen Sie, ob Batterie defekt ist, sofar wenn sie neu eingesetzt ist.

e. Prüfen Sie, ob die Zugfeder oder Feder-Nest korrodiert.

2. Das blitzllicht funktioniert ruckweis

a. Prüfen Sie, ob die Batterie beschädigt ist.

(Enden der Batterien können infolge des Zusammenstosses beschädigt werden und richtiger Kontakt ist deshalb nicht durchgeführt).

b. Prüfen Sie, ob Risse oder Deformation in Batterien sind.

c. Prüfen Sie, ob Fremdenteilchen in Blitzllicht, zwichen dem Rückdeckel und der Fassung.

d. Überprüfen Sie Beseitigungsmethode von la bit le.

3. Das Blitzllicht kann den Scheinwerfer nicht einstellen:

a. Glühlampe wechseln.

b. Der Kopf-Einsatz ist nicht richtig montiert! Lesen Sie bitte "Anweisungen für Montage", 4a

Wenn Sie die allen obengenannten Schritten vorgenommen haben und Ihr Blitzllicht noch nicht funktionieren kann, schicken Sie dies zurück zum Ihren Händler.

*Beim Rücksendung des Blitzllichtes benötigt keine Batterien.«

Hinweise zum *Gedächtnistelephon*

»DIE WIRKUNG

Der Singweisengriffer (Freigestellte)
Stellen Sie die Gerte des Singweisengriffers zur
EIN-Stellung Eine nette Singweise wirde verbeu-
gen den anderen Teil auf denn Telephon von
hörender Threr geheimer Unterredung. Stellen Sie
die Gerte des Singweisengriffers zurück zur AUS-
Stellung zu nehmen die Telephonunterredung zurück.

Der Klingereinhalt
Stellen Sie den EIN/AUS Schalter des Klingers
zur EIN-Stellung wenn wollen Sie nicht zu werden
gestört werden von eintretender ednrüfe.

Normales Wahlen
1. Nehmen Sie den Griff auf und hören Sie für den
Wählscheibenton zu.
2. Setzen Sie die Tasten in die Telephonnummer.
Dieses Telephon wird stehen die ziffern an so
schnell wie können Sie die Tasten setzen und
wählen Sie sie.

Das Wiederwahlen
1. Nehmen Sie den Griff auf und hören Sie für den
Wählscheibenton zu.

147

2. Drücken Sie die Taste von # zweimal. Die vorig eintreteinde Nummer wird wiedergewählt werden selbsttätig.

Das hemmendes Wiederwahlen
Die Wiederwählenwirksamkeit wird gehemmt können von drückende Taste von * zweimal nach normales gevervollstandigtes Wählen. darum die andere Leute können treten ein nicht die Nummer. dafa Sie wahlten vorig.

Endassend Draht
Hängen Sie und wählen Sie andere Nummer und drücken Sie das Wiedersetzenkopf für 2 Sekunden wenigstens denn entlassem Sie sie.

Das Lager anwählen
Dieses Telephon kann 18 Zifferntelephonnummern legern zwanzig in zwanzig Gedachtnisplatze nämlich 00,01,...18, 19

Das Einlagern
1. Nehmen Sie den Griff auf und lassen Sie das Wiedersetzenkopf niedergedruckt.
2. Drucken Sie dei Taste von * einmal.
3. Treten Sie dei Nummer ein und lassen Sie sie eingelagert.
4. Drücken Sie die Taste von * einmal wieder.
5. Drücken Sie eine Gedächtnisplatznummer.

Das Gedächtniswahlen
1. Nehmen Sie den Griff auf und hören Sie für den Wählscheibenton zu.
2. Drücken Sie die Taste von * einmal.
3. Drücken Sie die Gedächtnisplatznummer. Die Nummer dafa lagerten Sie in jene besondere Platz, wird gewählt werden selbstätog.

Die Bemerkung
Brauchen Sie nie abschabende, starke Reinigungsmittel oder Lösungsmittel zu reinigen irgend ein Teil des Telephons oder Drahts zu meiden den Schaden. Brauchen Sie ein dumpfes (nicht nasses) Tuch und sanftes abschabendioses Reinigungsmittel.
Wahrend aufaerhalb dem Brauchen, setzen Sie Thr Telephon auf einer platten Oberflache oder setzen Sie es zuruck in den Halter.«

Trinkente Glück Vogel
(Ungefährliche flussigkeit)

»Wie versammeln und gebrauchen
1. Setzen Sie ein dem Zapfen in die Öffnung hinein
auf dem Wipfel der zwei Keule als für das Photo-
graph unten und machen Sie bewegen dem Vogel
hin und her freilich.
2. Füllen Sie aus ein Glas mit kalt Wasser, die
Höhe des Glasses würdt ein wenig niedriger sein
als dies welches der Keule.
3. Legen Sie dem Kopf ins Wasser hinein und
machen Sie es feucht vollständiglich und setzen
Sie dem Vogel nahe das Glas, dann der Vogel
begint das Wasser trinken selbst.

Die Vorsicht
1. Darauf bedacht sein, nicht zu ändern der Platz
dort der Zapfen ist jetzt geheftet.
2. Füllen Sie das Wasser immer voll ins Glas denn
der Vogel kann trinken richtig gehen.
3. Halten Sie sicherlich dem Körper des Vogel
durstig, sonst der Vogel wird plombieren zu trinken.«

Aus der Gebrauchsanweisung
zu einer *Strickmaschine*

»Strickschrift

= 1 M links
= 1 Hebe-M (in der Hinr links abheben, Faden
hinter der Arbeit, in den Rückr links stricken)
= 1 M auf 1 Hilfsnadel vor die Arbeit legen, die
folgende M rechts stricken, dann die Hilfsnadel-M
links abheben, Faden hinter der Arbeit
= wie vorher, jedoch die 1. M links stricken
= 1 M auf 1 Hilfsnadel hinter die Arbeit legen, die
folgende M links abheben, Faden hinter der Arbeit, dann die Hilfsnadel-M links stricken

= 1 M links
= 1 M rechts
= 2 M links zusammenstricken
= 1 M rechts verschränkt aus dem Querfaden zunehmen
= 1 bzw. 2 bzw. 3 bzw. 4 M auf 1 Hilfsnadel hinter die Arbeit legen, die folgenden 2 bzw. 3 bzw. 4 bzw 5 M rechts stricken, dann die Hilfsnadel-M rechts stricken, dabei an der angegebenen Stelle (=v) 1 M verdoppeln
= 2 bzw. 3 bzw. 4 bzw 5 M auf 1 Hilfsnadel vor die Arbeit legen, die folgenden 1 bzw. 2 bzw. 3 bzw. 4 M rechts stricken, dabei an der angegebenen Stelle (=v) 1 M verdoppeln, dann die Hilfsnadel-M rechts stricken.«

1   Der Rummel um den schlechten Ratgeber hält
seit Jahren an. Trotz steigender Investitionen der
Unternehmen für das Thema „Technische Dokumentation und Bedienungsanleitungen" bleiben
die Ergebnisse weit hinter den Erwartungen zurück. Unmut, Frustrationen, Aufbau negativer Qua-
litätsvorstellungen sowie Sachschäden am Produkt sind die Folgen mangelhafter Dokumentationen. Es gibt unzählige Beispiele dafür, daß dieses
wichtige Kommunikationsinstrument nur unzu-
längliche Beachtung findet. Auf der Unterneh-
mensseite schätzt man, daß in 9 von 10 Fällen erst
einmal der Kunde und Anwender am Gerät herum-
probiert, bevor er einen Blick in die Bedienungsanleitung riskiert. Dies bleibt nicht ohne Folgen
für die Hersteller. Bei über 700 Millionen Mark
jährlich liegt der volkswirtschaftliche Gesamtschaden. So jedenfalls lokalisierte die Württembergi-
sche Feuerversicherung in einer eigenen Studie
die Sachschäden, die durch fehlerhafte Bedienungsanleitungen entstehen. Von 12000 untersuchten Schadensmeldungen an elektronischen
Produkten, konnte fast die Hälfte (46 Prozent) auf
unsachgemäße Bedienung zurückgeführt werden.
So erschreckend die Zahlen sind, die Dunkelziffer
dürfte noch weitaus höher sein. Rechnete man die
Verluste innerhalb der Garantiezeiten mit und wei-

terhin die Aufwendungen aus Kulanzhandlungen, so liegt der Gesamtschaden weit über 1 Milliarde Mark pro Jahr. Ganz abgesehen von den enormen immateriellen Imageschäden, die auf die Hersteller zurückfallen.

Aus diesen Tatsachen heraus ergeben sich zwangsläufig die folgenden Fragen: Werden die derzeitigen Technischen Dokumentationen und Bedienungsanleitungen ihrer ursprünglichen Aufgabe überhaupt noch gerecht? Muß die Bedienungsanleitung nicht stärker als absatzpolitisches Instrument gesehen und eingesetzt werden? Die Forderungen, die sich daraus ergeben, müssen zwangsläufig lauten: Muß die Bedienungsanleitung nicht einer grundlegenden Änderung unterzogen werden? Sollten die Bedienungselemente nicht so gestaltet werden, daß sie sich selbst erklären und dadurch eine Bedienungsanleitung fast oder teilweise ganz entfallen kann? Inwieweit erfüllen neue, vielleicht auch ungewöhnliche Formen die Forderung nach einer bedienerfreundlichen Informations- und Wissensvermittlung für erklärungsbedürftige Produkte besser?

Jedenfalls muß eines grundsätzlich erreicht werden: nämlich die Unterstützung des Anwenders und indirekt die des Herstellers.

2 Die tatsächlichen Aufwendungen zur Erstellung und Pflege der Technischen Dokumentationen in den Unternehmen verschlingen bis zu 30 Prozent des Gesamtentwicklungsaufwandes für ein Produkt. Und das vor dem Hintergrund, daß das Ziel auf Seiten des Anwenders häufig nicht erreicht wird.

Wie die Praxis immer wieder zeigt, liegen die Ursachen hierfür in der teilweise mangelhaften internen Leistungsfähigkeit begründet. Viele Unternehmen haben ihre Produkte den Wettbewerbsanforderungen zwar angepaßt, die Dokumentationsentwicklung dabei jedoch vernachlässigt. Den Wandel der gestellten Anforderungen an die Unternehmen hat man bislang nicht bewältigt – die auf traditionellen Konzepten basierende interne Dokumentations-Erstellung ist vielfach bereits zu einem besorgniserregenden Hindernis im Wettbewerb um die Geschäfte von morgen geworden.

Als Konsequenz daraus müßten bei der Neugestaltung von Technischen Dokumentationen und Bedienungsanleitungen folgende Punkte berücksichtigung finden:

• Ein einheitlicher konzeptioneller Aufbau soll gewährleisten, daß die Bedürfnisse unterschiedlicher Zielgruppen berücksichtigt werden.

• Ein klarer didaktischer Aufbau der Dokumentation soll in plausiblen Lernschritten erreicht werden.

• Die Ausdrucksweise soll sicherstellen, daß auf die Voraussetzungen der jeweiligen Anwendergruppen möglichst differenziert eingegangen wird.

• Eine möglichst leicht begreifbare bildliche Darstellung der einzelnen Lernschritte soll dazu beitragen, den Umgang mit der Anleitung und mit dem System/Produkt selbst einfacher zu machen und den Erklärungstext zu straffen (auch im Hinblick auf fremdsprachliche Übersetzungen).

• Diktion, bildliche Darstellung und didaktischer Aufbau werden vor der Herausgabe ständig von Fachleuten kontrolliert.

• Jede Bedienungsanleitung muß so entwickelt und gestaltet werden, daß eventuell notwendige persönliche Einführungs- und Schulungsmaßnahmen auf ein „wirtschaftlich vertretbares Mindestmaß" verringert werden können.

• Aspekte der Marketing-Strategie müssen berücksichtigt werden. Vor allem müssen sämtliche Dokumentationen den Maßgaben des Corporate Identity entsprechen.

• Sämtliche Produkte und Verfahren müssen so dokumentiert werden, daß deren Beschreibung ebenso problemlos gepflegt und weiterentwickelt werden kann.

• Produktänderungen müssen so dokumentiert werden, daß dabei der letzte Stand der Technik aufgezeigt wird.

3   Die Frage, ob Gebrauchsanleitungen tatsächlich nur ein notwendiges Übel sind, sollte daher
eigentlich der Vergangenheit angehören. Der be-
triebswirtschaftliche Stellenwert der Gebrauchsanleitung hat sich im Laufe der Jahre sicherlich
geändert, er muß aber weiterhin höher eingeschätzt
werden, als das bislang geschehen ist. Die daran
haftende Problematik kann nicht sozusagen ne-
benher ihre Erledigung finden. In vielen bekann-
ten Fällen steht dieses Thema bereits seit einigen
Monaten auf der Tagesordnung von Vorstands-
sitzungen und wird heftigst diskutiert.
Zur Entscheidungsfindung wurden Schwachstel-
len-Analysen durchgeführt. So sind interne Ab-
läufe und Strukturen oft nicht verträglich mit den
spezifischen Anforderungen der Dokumentation –
Dokumentationsprozeß und interne Organisation
sind nicht kompatibel. Die Ersteller von Gebrauchsanleitungen werden in der Regel zu spät in den
Entwicklungsprozeß involviert. Auch ist es üb-
lich, daß die Ersteller nicht automatisch über Ver-
änderungen am Produkt informiert werden. Viele
Probleme und unbefriedigende Lösungen wach-
sen aus der Tatsache, daß das Erstellen von
Gebrauchsanleitungen häufig noch im betrieblichen Niemandsland angesiedelt ist, das heißt abseits oder neben den Informationswegen und

Schaltzentralen des Betriebsgeschehens. Ursachen dafür sind fehlende Aufgabenstellungen, undefinierte Vorgaben, unzureichende Anforderungsprofile, fehlendes Bewußtsein für Qualitätssicherung.

Dies läßt den Schluß zu, daß in den Unternehmen sehr verschiedene Ansichten darüber bestehen, welche Funktionen und Anforderungen die Gebrauchsanleitung letztlich hat und wo sie konsequenterweise in der betrieblichen Hierarchie einzuordnen ist. Wie soll also die Dokumentations-Erstellung am besten in die betriebliche Organisation integriert werden? Eine einzige richtige Antwort darauf wird es nicht geben, da zu viele Faktoren im Einzelfall zu berücksichtigen sind, zum Beispiel Branche, Unternehmensstruktur, Art der Produkte.

Diese in zahlreichen Beratungsfällen gewonnene Erkenntnis wurde in ein neues „Strategie- und Methoden-Programm zur Optimierung der Dokumentations-Erstellung" überführt. Daraus lassen sich zwei „Grundsatz-Gedanken" formulieren:
Entweder:
• Etablierung einer eigenen und „professionellen" Dokumentationsabteilung im Unternehmen,
oder aber
• Vergabe sämtlicher Dokumentations-Projekte an externe Dienstleistungs-Unternehmen.

Das Strategie- und Methoden-Programm betrachtet die Entwicklung einer Gebrauchsanleitung als einen interdisziplinären Prozeß, der nur durch die Zusammenarbeit von Unternehmens-Management, den Fachbereichen, den Dokumentations-Erstellern und den Anwendern optimiert werden kann. Generell wurde daraus folgende Zielsetzung für Gebrauchsanleitungen formuliert:

Reduzierung unnötiger Kundenreklamationen, überflüssiger Garantie- und Kulanzleistungen und personalintensiven Kundendiensteinsätzen.

Reduzierung des hohen Aufwandes für Anwenderschulungen durch den Unternehmer oder den Handel.

Vermeidung von Schäden aus der Instruktionshaftung und der Produzentenhaftung.

Problemorientierte Schulung von Verkaufs- und Kundendienst-Personal.

Erarbeitung eines grundlegenden Idealmodells für eine Produktegruppe, die typenbezogen variabel ist und so eine immer wieder neue Erarbeitung überflüssig macht.

Transparenz von Stärken und Schwächen der Erstellung.

Analyse der Schwachstellen bei vorhandenen Gebrauchsanleitungen.

Erhöhung der Lernmotivation von Anwendern am Produkt.

Unterstützung von Marketing und Vertrieb.

Verbesserung der Wertschöpfung.

Steigerung der Wettbewerbsfähigkeit.

Stabilisierung des langfristigen Produkterfolges.

4   Es gibt zahlreiche Anzeichen für einen Bedeutungswandel in den Unternehmen, der sich von Beispielen dafür leiten läßt, daß eine frühzeitig, bereits in der Entwicklungsphase von Produkten, entwickelte Gebrauchsanleitung entscheidende Vorteile bringt. Vorteile, die das gesamte Qualitätsniveau beeinflussen, liegen auf der Hand:

• Frühzeitige Erstellung von anwenderbezogenen Dokumentations-Konzepten für Marketing und Produktplanung.

• Schwachstellen und Mängel an der Benutzungsoberfläche können innerhalb der Produktplanung und -entwicklung erkannt und beseitigt werden.

• Manuskripte können frühzeitig auf ihre Benutzerfreundlichkeit hin getestet werden.

• Frühzeitig brauchbare Unterlagen zur internen Information von Tochtergesellschaften, Kunden etc. stehen zur Verfügung.

• Übersetzungen können frühzeitiger vorgenommen werden usw.

Es bleibt teilweise unverständlich, warum die meisten Unternehmen die „Gebrauchsanleitung" nicht als vollwertiges absatzstrategisches Instrument nutzen.

Der Ausschuß „Technische Dokumentation" des VDI, Düsseldorf, hat an praxisbezogenen Beispielen ein Anforderungsprofil für die Technische Dokumentation entwickelt. Diese Orientierungshilfe wurde als VDI-Richtlinie 4500 zur strategischer und inhaltlichen Optimierung „Technischer Dokumentationen" in den Unternehmen erstellt.

5   Allein 90 Prozent aller technischen Probleme entstehen durch Bedienfehler, so der EDV-Distributer Pandasoft, Berlin, in seinem aktuellen Produktkatalog, und macht darauf aufmerksam, erst einmal das Servicetelefon anzurufen, bevor das Produkt eingeschickt wird.

Die Beschreibung einer Videoprogrammierung verdeutlicht das Problem:

„Die mikrotasta ausführt viele funktionen. Einschlisslich, ein an-kraft selbst-prüfen während es its von der system-einheit verbraucht. Diese prüfung des mikrocomputer prüft die erinnerung, und für die stück tasten. Übrige funktionen sind. tastatur scan, polier von über 32 tasten scan coden, und es erhaltet unmittele reihe communicationen mit system einheit, und ausführt die hand-schütteln protokol von jeder scan-code transfer braucht."

Alles klar? Wer hier durchblicken will, muß schon ein wahrer Findikus sein.

Mit Inkrafttreten der EG-Richtlinie „Maschinen" zum 1. Januar 1993 erhielt das Thema „Technische Dokumentation und Benutzerinformationen" eine neue Dimension. Denn mit Einführung des europäischen Binnenmarktes existieren erstmals

rechtlich verbindliche Regelungen für Mindest-
anforderungen an Aufgaben, Inhalte und Aussagen von Benutzerinformationen, das heißt, „alle"
Informationen, die ein Hersteller seinem Produkt
für den Benutzer beifügt, zum Beispiel Gebrauchsanleitungen, Kurzinformationen etc., fallen dar-
unter.
Die Bedienungsanleitungen, und das haben hierbei die Gerichte deutlich gemacht, sind auszurich-
ten auf den durchschnittlichen Kenntnisstand der
voraussichtlichen Benutzer. Und der durchschnitt-
liche Kenntnisstand der voraussichtlichen Benutzer heißt, die Dinge zu sehen mit den Augen des
anderen, der damit umzugehen hat und nicht mit
den Augen des Entwicklers und des stolzen Fabri-
kanten. Bei diesen Forderungen an die Bedienungsanleitungen müssen in Zukunft noch mehr
Sorgfalt und Vorsicht angewandt werden. Außer-
dem sei eine frühzeitige Kontrolle mit Vertretern
der Zielgruppe dringend empfohlen.

Ein im Juli durchgeführtes Experiment auf Euro-
pas größter Einkaufsstraße, der Frankfurter „Zeil",
durch Studenten der Frankfurter Fachhochschule
zeigte auf, daß die meisten Gebrauchsanweisungen absolut unverständlich sind. Viele Passanten
„versagten" beim Bedienen von Funktelefonen
und Fotoapparaten nach schriftlicher Anleitung.
Einig war man sich, daß die meisten technischen
Gebrauchsgüter aus Sicht der Befragten hinsicht-
lich Inhalt und Leistung bisher weitgehend noch
ungelöste Schwierigkeiten aufzeigten. Besonders

die Komponente „Dokumentation" und „Gebrauchsanweisung" ließ in der Mehrzahl der Fälle zu Wünschen übrig. Selbst bei Produkten, die ausnahmsweise ein durchgängiges „Corporate Identity" aufzeigten, wurde man enttäuscht, nachdem man die dazugehörigen Handbücher und Gebrauchsanweisungen aufgeschlagen hatte. Laienhafte „Typographie" und erschreckende Layouts degradierten die professionellen Prospekte und Verpackungen ins Abseits. Daß hier eklatante Kommunikations-Defizite deutlich werden, ist offensichtlich.

Noch nie traten die Schwachstellen des Marketings so zutage wie heute. Angefangen von der Schwachstelle „Interface", also der Schnittstelle zwischen Mensch und Benutzeroberfläche, die bei manchen Produkten absolut fragwürdig erschien. Fast 90 Prozent der Befragten bemängelten Produkte mit Multifunktionstasten, die mit bis zu fünf Funktionen belegt waren, als zu kompliziert. Weiterhin empfanden 23 Prozent die Textinhalte und Illustrationen als zu kompliziert und unverständlich. Allein 59 Prozent aller Befragten hatten schon einmal schlechte Erfahrung mit Bedienungsanleitungen gemacht. Davon allein 34 Prozent bei Videorecordern, 19 Prozent bei Computern und 7 Prozent bei Fernsehgeräten. Kurze Formulierungen in Gebrauchsanweisungen wünschen sich 40 Prozent, eine ausführliche Erläuterung 23 Prozent, ein schrittweises Lernprogramm 15 Prozent und eine zusätzliche Kurzanleitung 22 Prozent der Befragten.

Von den Befragten würden 28 Prozent bei einem Neukauf zu einem anderen Hersteller wechseln, wenn sie mit der Bedienungsanleitung eines Gerätes Probleme gehabt hätten. Allein 49 Prozent sind unentschlossen, ob sie beim Neukauf eines Gerätes den Hersteller wechseln. Nur bei 23 Prozent der Befragten hätte die schlechte Erfahrung mit einer Bedienungsanleitung keinen Einfluß auf die Wahl des Herstellers. Mehrkosten beim Kauf eines Gerätes würden 35 Prozent der Befragten für eine bessere Gebrauchsanleitung und 55 Prozent für eine bessere Beratung akzeptieren. Fast ein Viertel aller Befragten (24,5 Prozent) gaben an, daß sie schon einmal Sachschäden innerhalb der Garantiezeit verursacht hatten und kostenlos ersetzt bekamen.

Besonders in gesättigten Märkten und bei austauschbaren Produkten stellt die Technische Dokumentation und Bedienungsanleitung das letzte Unterscheidungsinstrument für den Kunden dar. Einfache und verständliche Benutzerinformationen, die lernlogisch aufgebaut werden, helfen dem Anwender in kürzester Zeit, sein Produkt mit sämtlichen Funktionen „problemlos" zu beherrschen. Produktentwicklung und Marketing beseitigen dadurch erhebliche Schwachstellen und erhöhen ihren Wettbewerbsvorteil in der gesamten Produkt-, Absatz- und Kommunikationspolitik des Unternehmens. Und die Unternehmen demonstrieren noch nebenbei eine aktive „Kundennähe".

So tragen bessere Dokumentationen wesentlich zur Zufriedenheit der Anwender und zur Reduzierung ungeplanter Serviceleistungen und Kosten der Unternehmen bei. Ganz abgesehen von den enormen immateriellen Imageschäden auf Seiten der Unternehmen. Der Benutzer hingegen hat ein Anrecht auf eine gute Technische Dokumentation: Sie erspart ihm Mühe und Ärgernis.

Immer noch zu wenig wird in der Marketing-Literatur das Problem diskutiert, Kundennähe durch geeignete „Technische Dokumentation" zu erreichen. Auch fehlen Aussagen über die Behandlung und zur inhaltlichen Qualität von Technischen Dokumentationen. Generell sollte zum Abbau von Defiziten und zur Erreichung eines Höchstmaßes an Qualität folgende Voraussetzung als vorteilhaft eingeschätzt werden, zum Beispiel:

• Etablierung eines eigenen Verantwortungsbereichs für technische Dokumentation innerhalb des Marketings.

• Aufnahme der Dokumentationsaktivitäten in Produktpläne und Marketingkonzepte.

• Einsatz von internem oder externem Fachpersonal.

• Etablierung von Benutzertests mit der/den Zielgruppe/n.

• Erstellen von internen Dokumentationsrichtlinien.

• Akzeptanzprüfung der Benutzeroberfläche.

Wie die Praxis immer wieder zeigt, liegen viele Ursachen in der teilweise mangelhaften internen Leistungsfähigkeit begründet. Viele Unternehmen haben ihre Produkte den Wettbewerbsanforderungen zwar angepaßt, die Dokumentationsentwicklung dabei jedoch vernachlässigt. Den Wandel der gestellten Anforderungen an die Unternehmen hat man intern bislang nicht bewältigt – die auf traditionellen Konzepten basierende interne Dokumentations-Erstellung ist vielfach bereits zu einem besorgniserregenden Hindernis im Wettbewerb um die Geschäfte von morgen geworden.

Ein aktuelles Beispiel verdeutlicht das Problem: Ein führender Hersteller von Videorecordern brachte mit viel Aufwand ein neues, im Bildschirmdialog (über Fernsehgerät) programmierbares Aufzeichnungsgerät auf den Markt. Doch der Absatz war enttäuschend. Der Stolz der Entwicklungsabteilung erwies sich als Ladenhüter. Trotz erheblicher Produktvorteile gegenüber Wettbewerbsgeräten fand fast kein Abverkauf im Fachhandel statt. Eine eingeleitete Analyse ergab, daß weder der Fachhandel, ja nicht einmal die eigenen Verkäufer in der Lage waren, den Videorecorder zu programmieren. Die Analyse ergab weiterhin, daß die Bedienungsanleitung viel zu umfangreich, viel zu kompliziert, mangelhaft übersetzt war – erarbeitet von Ingenieuren aus der Entwicklungsabteilung und Grafikern ohne Produktkenntnisse.
In der Zwischenzeit wuchs der Bestand an Lager- und retournierten Geräten auf ca. 20 000 Stück an.

169

Eine anschließend durchgeführte Kostenanalyse ergab, daß durch die Rücknahme-Verluste, der Zwischen-Finanzierung, den Zinsverlusten, den erhöhten Kosten für Telefonberatung, den Mieten für zusätzliche Lagerfläche, Kosten für Rücknahmen und Aufarbeitungen sowie großzügigen Kullanzhandlungen, Gesamtkosten in Höhe von ca. 480 000 DM ermittelt wurden.

Nach der anschließenden Neugestaltung der Bedienungsanleitung wurden die Geräte innerhalb der nächsten 6 Monate problemlos abverkauft. Was war passiert?

Erstmals waren am Gerät mehrere Bedienungsschritte auf sogenannten Multifunktionstasten untergebracht. Das Gerät hatte aus diesem Grunde wesentlich weniger Bedienelemente als herkömmliche Videogeräte, war aber in der Bedienung gewöhnungsbedürftig. Nachforschungen bei den Händlern ergaben interessante Ergebnisse. So wurde das Gerät bei vielen Händlern aufgrund der wenigen Bedienelemente als nicht so leistungsfähig gegenüber vergleichbaren Konkurrenzprodukten abgestempelt. Andere versuchten das Gerät auf herkömmliche Art zu bedienen, dies führte aber durch die neue Technik nicht zu dem gewünschten Ergebnis, da die Fachberater sich nur auf ihre Erfahrung, nicht aber auf die Angaben in der Bedienungsanleitung stützten. Das Gerät galt deshalb entweder als zu kompliziert oder im schlimmsten Fall sogar als kaputt. Es wurde den Kunden also nicht empfohlen, interessierten Kunden wurde sogar davon abgeraten. Bei einer anschließend

durchgeführten Befragung von Einzel- und Groß-
händlern, sowie Außendienstmitarbeitern des Herstellers, war von komplizierter Bedienung und
verfrühter Markteinführung die Rede, deshalb sei
das Produkt nicht konkurrenzfähig.

Fazit: Nur durch den Einsatz neuer Kommunika-
tions-Konzepte kann die optimale Nutzung neuer
Technologien für den Benutzer gewährleistet werden. Erst dadurch ist es möglich, daß die Technischen Dokumentationen und Gebrauchsanleitungen als Marketing-Instrument zu etablieren
sind.
Erstklassiger Service sowie hohe Qualität und
Zuverlässigkeit von Produkten lassen sich im allgemeinen nur verwirklichen, wenn man sich mit
seinem Produkt vollständig identifiziert, genau die
Wünsche der Kunden erahnt sowie Fertigung und
Verkauf gut beherrscht, kurzum, sein Geschäft
kennt. Das ist immer nur in Segmenten möglich,
für die man komparative Vorteile besitzt. Kundennähe impliziert damit die Bedienung ausgewählter
Segmente, in denen man eine individuelle Lösung
für Probleme einzelner Kunden anzubieten hat.
Dabei kommt es darauf an, Problemlösungen zum
wirklichen Nutzen des Kunden zu entwickeln,
auch wenn dabei Einbußen bei der kurzfristigen
Profitabilität in Kauf zu nehmen sind, da dadurch
eine langfristige Kundenloyalität erzeugt wird. Es
versteht sich von selbst, daß die Bedienung solcher
Segmente von hohem Marketing-Aufwand begleitet werden sollte, mit dem sich das Unterneh-

men von den Wettbewerbern differenziert. Auf
grund der hohen Wertschöpfung des Unternehmens und des Angebots individueller Problemlösungen ist Kundennähe immer mit einer Strategie
relativ hoher Preise (im Vergleich zum Wettbewerb) verbunden, bis Wettbewerber auftauchen.
Damit können überdurchschnittlich hohe Dek-
kungsbeiträge erzielt werden, die die Strategie der
Kundennähe als Erfolgsstrategie erscheinen lassen.

In unserem Beispiel wurde zwar die Bedienungsanleitung geändert, aber durch den zeitlichen Ver-
zug entstand jedoch ein viel höherer Schaden, da
sich vergleichbare Geräte anderer Hersteller nun
bereits auf dem Markt etabliert hatten. Finanz-
Analysten errechneten daraufhin einen Umsatz-
verlust von rund 8 Millionen Dollar, der durch den
Zeitverlust entstanden war. Der „Erste" am Markt
zu sein, bedeutet nicht nur, zeitlich, sondern meistens – wie das Beispiel zeigt – auch wirtschaftlich
die Nase vorn zu haben. Der Markt honoriert die
Schnelligkeit mit satten Marktanteilen. Der Zeit-
raum, um dieses temporäre Monopol auszunutzen,
nimmt jedoch mit zunehmender Wettbewerbsdy-
namik ab. Es bleibt deshalb unverständlich, warum die meisten Unternehmen das Thema „Technische Dokumentation und Gebrauchsanleitung"
so völlig außer acht lassen, und nicht in ihre
Marketing- und Kommunikationskonzepte inte-
grieren.

Wege zur Besserung: Konsequentes Erbringen von Service-Leistungen sowie dem Anbieten von Produkten mit hoher Qualität und Zuverlässigkeit muß einhergehen mit dem Ernstnehmen von Kundenwünschen. Während manche Unternehmen Beschwerden zu Gebrauchsanweisungen und Bedienungsanleitungen als lästig empfinden, begreifen kundennahe Unternehmen dies als Chance, Verbesserungsvorschläge von Kunden zu hören. In manchen Branchen geht das soweit, daß Test-Kunden für ihre Lieferanten Konzepte für Bedienungsanleitungen entwickeln, die nur noch wenig bis zur Marktreife weiterentwickelt werden müssen. Es gilt somit für ein kundennahes Unternehmen, durch organisatorische Maßnahmen sicherzustellen, daß die betroffenen Abteilungen in geeigneter Weise kommunizieren und Kontakt zum Kunden besitzen. Ebenso sollte der Bereich Dokumentation weitgehende Autonomie erhalten, damit er auf die Kundenbedürfnisse angemessen reagieren kann. Mit anderen Worten sollte sich das Unternehmen hierbei um mehr Strukturflexibilität bemühen. Damit jedoch Verbesserungen des Serviceangebotes „Technische Dokumentation" vorgenommen werden können, sind Prozeduren mit denen Beschwerden und Kundenbedürfnisse ausgewertet werden, zu etablieren.

Eine Marketinglösung ganz anderer Art präsentiert nun der Heinrich Bauer Verlag während der Funkausstellung in Berlin. Für die Dauer eines Jahres hat er exklusiv für seine Publikums-

zeitschriften die Rechte für das Videoprogram-
mierhilfesystem ShowView erworben und wird
ab dem 25. August die für die kommenden Monate erforderlichen Zahlencodes veröffentlichen.
ShowView ist nicht neu, bereits 150 Millionen
Fernsehzuschauer benutzen es weltweit, zum Beispiel in den USA, Japan und Frankreich. Der
Handel wird das Gerät für 169 Mark anbieten.
Bleibt abzuwarten, wie die Gebrauchsanweisung
aussieht. Bei Redaktionsschluß lag sie noch nicht
vor.

                                    Jürgen H. Hahn

Sprechen und Schreiben

dtv